Jurandir Bomfim

A Igreja Em Xeque

Jurandir Bomfim

A Igreja Em Xeque

O Que Há por Trás das Paredes

JustFiction Edition

Imprint

Cover image: www.ingimage.com

Publisher:
JustFiction! Edition
is a trademark of
International Book Market Service Ltd., member of OmniScriptum Publishing Group
17 Meldrum Street, Beau Bassin 71504, Mauritius

Printed at: see last page
ISBN: 978-620-0-49034-6

A IGREJA EM XEQUE

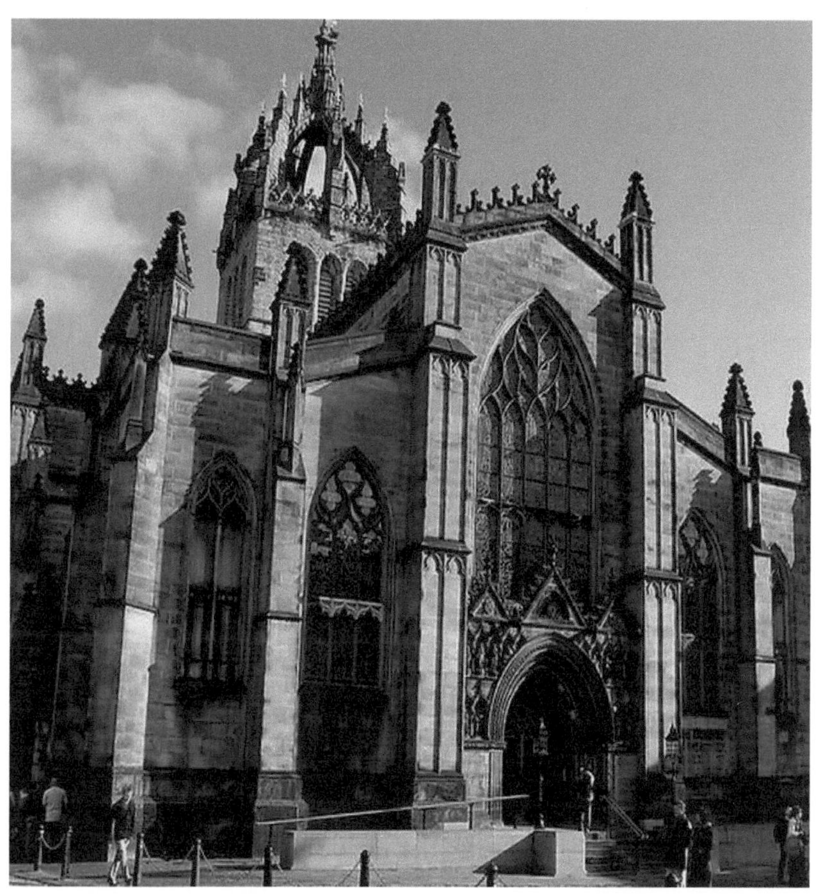

EDINHO MAISCEDO

A IGREJA EM XEQUE

A Igreja Em Xeque

Edinho Maiscedo

Paraná, 2019

Introdução

Esta é a história da vida de um homem que desde a sua infância batalhou muito para que pudesse ter "um lugarzinho ao sol". O que aconteceu durante toda esta trajetória até os dias de hoje, você vai poder acompanhar aqui. Ele, como tantos outros brasileiros vivenciam um dilema sócio econômico, numa política radical em um país que sempre foi dominado pela elite burguesa. A família, a sociedade, a igreja e seus conflitos interiores são partes do cotidiano deste brasileiro que nasceu pra sofrer, mas também pra vencer. Do conflito familiar à redenção. Da experiência de um mundo materialista e secular para um mundo espiritual de entrega e compaixão pelo próximo. Os seus experimentos, alegrias e frustrações no decorrer de sua vida após uma grande mudança na sua forma de pensar e de se viver. Sempre baseando os fatos cotidianos com os ensinamentos de um Deus que para ele não só existe na palavra escrita, mas também na prática. A importância e os valores agregados a um mundo vindouro que está além da imaginação ou do pensamento de um ser meramente mortal.

Visionário e de grande relevância num ministério que Deus o outorgou para lutar contra as forças espirituais do mal. Dedicado aos conceitos e princípios da palavra de Deus segue uma vida simples e humilde, numa família que o acolheu após o rompimento de seu casamento. Em seu coração sempre a esperança de alcançar pessoas por meio da Palavra de Deus.

O INICIO DE TUDO

Esta história começa assim... São Paulo, abril de 1974.

Havia uma criança chamada Juliano. Desde muito pequeno as coisas para ele não eram das mais favoráveis, isso se devia ao tipo de vida que lhe fora reservado. Como a maioria das crianças daquela época a vida se resumia em brincar na rua e barganhar com os vizinhos uma fruta que por muitas vezes se despontava acima dos muros. Mas para Juliano a vida teria que ser algo mais do que uma simples brincadeira de criança que surgia a cada dia. Não havia nenhuma destas crianças que poderia se chamar de amigo, ou que se enquadrasse como um verdadeiro amigo, todos eram iguais na visão deste garoto que vivia num bairro modesto da capital de São Paulo.

O ano era de 1974, meados de outono, onde nesta época a cidade de São Paulo já apontava para um frio inesperado, que pela manhã amanhecia cinzento com uma pequena garoa e às vezes, uma cerração danada que mal dava pra enxergar as pontas dos pés. Logo pela manhã bem cedo, precisava se deslocar até uma padaria por ruas ainda mal acabadas com muitos buracos cheios de poças d'água, que sem conseguir enxergar muito bem devido ao nevoeiro que insistia em permanecer, de forma sorrateira entre os corpos das pessoas, mal conseguia ter visão por onde se andava, causando assim alguns tropeços nestas poças d'água, pra comprar alguns pães e um saquinho de leite tipo "c" que era mais barato, para o café da manhã, com a mamãe e mais três irmãos e uma irmãzinha, que havia chegado ao mundo neste mesmo ano de 1974, nesta mesma cidade. O pai de Juliano era o Sr. Jordão, homem forte e destemido que não tinha medo da morte; este nunca se levantava cedo da cama, pois precisava dormir até mais tarde porque o seu trabalho era noturno numa indústria de tecelagem e chegava a sua casa antes mesmo do amanhecer, quase no início do programa da madrugada do Zebétio, na rádio local que a sua mãe sempre o ouvia debruçada na máquina de costura já amanhecendo o dia.

Para um garoto que acabara de chegar de uma pequena cidade do sul da Bahia, donde não havia conhecido o que era frio, pois a temperatura no nordeste é sempre agradável o ano todo, não seria uma vida fácil; o futuro que lhe aguardava não parecia um dos melhores que uma criança de cinco anos pudesse esperar.

Havia uma certeza de que a saudade da vida sossegada e sem preocupações de ter que se levantar logo cedo naquele frio abestado da cidade cinzenta de Sampa, logo, logo o alcançaria.

A vida que levava na pacata cidade natal e a liberdade solta nos terreiros do sítio dos avós haviam chegado ao fim. A realidade encontrada agora numa cidade grande era outra. A sua vida toma um novo rumo, um novo sentido mesmo ainda tão pequeno.

Juliano não foi consultado se queria sair da sua terra natal, de sua morada onde nasceu junto com mais três de seus irmãos, do qual ele era o segundo mais velho, naquele interior quente, numa cidade sossegada onde ouvia o cantar do galo logo pela manhã e o canto do rouxinol ao entardecer do dia. Toda manhã quando levantava, sentia o cheiro do café preto que escorria pelo coador de pano de saco, no bule velho de porcelana da vovó, num pequeno fogão muito bem feito de barro e alimentado por alguns tições de brasa. Sem esquecer-se do leite quente que vinha da ordenha das vacas que estavam no curral, e tinha o aconchego de seus avós, tios, tias e uma imensidão de parentes que perdia até as contas, pois não era possível conhecer a todos.

Quando saía pra brincar perto de sua casa, onde havia os trilhos da linha de um trem que passava zunindo num barulho frenético que mais parecia música para os seus ouvidos, corria a atravessar os trilhos e por muitas vezes até corria sobre eles, antes das composições se aproximarem, e esperava o apito longo do trem a tocar, e assim que passava aquela grande composição carregada de todos os tipos de produtos, era o momento de sair correndo atrás jogando pequenas pedras que pegava entre os dormentes dos trilhos.

Tudo isso era diversão, era alegria, era a vida que se passava e que se tornava a cada dia como se fossem as aventuras de um sonho inimaginável. Quando não tinha o que fazer o negócio era inventar; acendia fogo em pequenos lixos com plásticos velhos e enrolavam estes plásticos em pequenas varas de madeira e saía a correr atrás dos irmãos fazendo zunir o plástico derretido que esvoaçavam pelo vento produzindo um barulho muito doido e que às vezes ocorriam pequenos acidentes ao escapar um pedaço daquele plástico fumegante e atingir a perna de um irmão. Aí o que se podia fazer era sair gritando pedindo socorro pra que alguém pudesse socorrer o seu irmão mais velho das dores que ele sentia pelo plástico queimando na sua perna. – Era muita emoção e muita loucura ao mesmo tempo, tudo sem noção, mas com muita diversão.

Quando o dia estava sem graça era necessário inventar alguma coisa. E como criança não pode ficar sozinha e sem fazer nada, com certeza algo novo sempre surgia nas cabecinhas. E porque não pegar alguns palitos de fósforo da cozinha da vovó; naquela época em 1973 já existia esses brinquedos; e descascar a pólvora ajuntando uma boa quantidade, e fazendo um buraco no palanque da cerca de madeira que era baixa, colocava aquela pólvora dentro do buraco e procurava um prego bem grosso, que não era difícil de encontrar no sítio, e enfiando este prego no buraco onde colocara a pólvora, imediatamente dava uma boa marretada sobre o metal. E o resultado não poderia ser outro do que um grande êxtase, um júbilo de alegria.

Era maravilhoso! Fazia um zummmm nos ouvidos que parecia ficar surdo por alguns instantes e uma fumacinha branca se espalhava pelo terreiro com cheiro de pólvora queimada. Mas nesse momento era preciso correr e se esconder para que os adultos não pudessem ver as aventuras provocadas pela molecada. O barulho da explosão da pólvora era tão emocionante que a garotada imaginava que só o céu seria o limite e que eles podiam tudo! Que mundo encantado era esse o de Juliano!

Havia um rio que ficava bem perto de sua casa e ele adorava tentar nadar. Mas não conseguia, sempre afundava engolindo água todas as vezes que insistia. Pensou melhor em não brincar com a água, parecia muito perigoso. Melhor era procurar outras aventuras menos perigosa pra passar o tempo.

Então, essa vida ficou pra trás, porque os seus pais precisaram abandonar as suas terras que já não davam o sustento para sua família, devido à sequência de secas que castigavam as plantações em anos subsequentes. Devido a tudo isso é que foram parar em São Paulo; terra próspera e de grandes oportunidades de trabalho, com grandes empresas e grandes indústrias que ofertavam trabalhos para as pessoas que saiam do interior do Brasil. Parecia ser um novo sonho de uma nova vida para a família do Sr. Jordão, e novas oportunidades de recomeçar a vida com os quatro filhos nascidos no nordeste. Os filhos foram deixados por um tempo com os avós para que eles pudessem buscar uma nova alternativa de vida em São Paulo e quando estivessem estabilizados financeiramente poderiam voltar para busca-los.

E após um bom tempo seus pais retornaram para buscar os seus filhos. Porém algo inusitado havia acontecido e Juliano não entendia o que havia acontecido neste período de ausência de seus pais. É que os seus pais ao retornarem para o nordeste após um ano e meio longe dos filhos pra resgata-los, eis que nos braços da sua mãe Marta surge algo estranho enrolado com panos que diziam ser uma menina. - Mas que diacho é isso, pensou Juliano. Como poderia ser uma irmãzinha se eles haviam saído de casa com uma mão na frente e a outra atrás? - Que negócio foi este que voltaram para buscar o quarteto da bagunça, mas não podia nem abraça-los porque havia um embrulho nos braços de sua mãe! Coisa feia não é? Então o negócio era aceitar aquele "presente" que eles haviam trazido, não havia outra coisa que pudesse ser feito naquele momento, era tarde demais. - Já que tá aí que fique! Pensou Juliano. O garoto pensava que os pais haviam saído em viagem à cidade grande, deixando-os com os avós, mas que retornariam logo. No final das contas para sua surpresa os seus pais foram mesmo é buscar uma irmãzinha. - Mas espera aí, ninguém havia pedido uma irmã! Agora papai e mamãe teriam que dividir a atenção dos filhos com mais uma menina! Que chato, pensou ele.

Juliano imaginou que os seus pais depois de um ano morando na grande cidade, sozinhos, provavelmente sentiram muita falta dos seus filhos e pensando em arrumar uma companhia decidiram sem o consentimento dos demais filhos fazer mais um bebê.

Então foi aí que surgiu a pequena garotinha com o nome de Zenaide pra fazer parte desta grande família. E assim dá se o início a uma nova família, com a perspectiva de uma nova vida na grande cidade de São Paulo, o berço do povo nordestino, onde a fantasia dos sonhos passa a se tornar realidade, pelo menos no quesito das promessas. - O frio que espera esta família não está escrito no gibi. Era frio de bater o queixo. A viagem desta grande família a São Paulo dura vários dias. - Em 1974 as estradas não eram muito divertidas pra se viajar, ainda mais que a viagem de fato seria de ônibus. E pensa no tipo de ônibus vindo de um lugar tão distante! Não eram de causar muita alegria, principalmente com um povo sem dinheiro que carregavam na bagagem o almoço e o jantar pra suprir as necessidades da sua família, enquanto pudesse durar a viagem. Os alimentos eram preparados e trazidos já prontos em panelas pra sustentar a família durante o período longo que estivessem na estrada. Virando uma noite pós outra num pequeno espaço entre bancos apertados e apenas um banheiro coletivo de uso diário para todos os que ali viajavam, não era o mais adequado para crianças, mas era o que eles podiam pagar!

Mas não se podem descartar as aventuras que tudo isso produziu, afinal de contas é uma viagem, e que viagem! O desejo de conhecer um mundo novo, porque era assim que representava São Paulo, e de ver as paisagens pelas rodovias, com o sacolejar do ônibus e o trepidar das rodas nos grandes buracos das estradas, não tem preço, é como uma história sem fim. A comida boa com farofinha de carne e outras coisas mais, que não dava pra saber na verdade o que havia misturado naquelas panelas o qual parecia nunca mais acabar garantia a fome daquele povo retirante. Tudo feito pela mãe, pela avó, pelas tias e sabe lá mais por quem havia feito, mas com muito carinho.

Existia uma felicidade de todos os lados. E não era diferente para as tias. Imaginam as tias ficando livre de seus sobrinhos maravilhosos e "comportados" que haviam cuidado por quase dois anos. Tudo isso parecia um grande sonho para todas elas, e para essas coisas não tem preço! E segue viagem!

“São Paulo, terra de gente boa, quem falar mal de São Paulo, maltrata a minha pessoa”! Terra da garoa, terra de gente doida que adora o frio! Morar em São Paulo é ser alguém importante, e este sonho estava no coração de todos. Por que não haveria de vencer as diferenças da cidade e indiferenças do clima? - Vamos trabalhar e estudar pra “ser alguém na vida”. Era o que ele ouvia.

- Mas Juliano aprendeu que São Paulo é terra de ninguém, e se quisesse vencer na grande metrópole seria preciso todos os dias pular bem cedinho da cama pra ir à escola e com muita dedicação ser aprovado pra alcançar este direito da vitória. - Na escola todos os dias cantava o hino nacional, fazendo filas e mantendo distância entre o coleguinha da sua frente como nos desfiles militares, antes mesmo de entrar em sala de aula. Se por ventura chegasse atrasado à escola, perdia todo o show de iniciação e quando entrava na sala se ouvia grandes vaias dos garotos que já estavam em sala para início das aulas.

Muitas vezes Juliano tinha dificuldades em chegar no horário porque a sua mãe não podia leva-lo à escola, pois ela precisava ficar em casa pra cuidar da sua irmãzinha pequena e de seu mais novo irmão que acabara de chegar a este mundo. Ele foi o raspa de tacho, que nascera na primavera de 1975, se chamava Reinaldo. Então o trabalho em casa havia ficado complexo e muito difícil e ela necessitava realmente de ajuda pra leva-los a escola. Mas como não havia ninguém para levar o jeito era ir sozinho, correndo todos os riscos que se possa imaginar.

Mas Juliano era um garoto que como eu amava os Beatles e os Rolling Stones, não tinha pra ninguém! Algumas vezes antes mesmo dele ir pra sua escola precisava levar o seu irmão mais novo, o Nando de seis anos em outra escola, só depois ele se deslocava até a sua. Era um grande trabalho porque o Nando não gostava de ser levado por ninguém que não fosse sua mãe. Mas ela precisava ficar em casa pra cuidar da irmãzinha de dois anos, do bebê Reinaldo e do Galdino de quatro anos. O seu irmão mais velho de oito anos, o Nilton, também ficava em casa na parte da manhã para ajudar a sua mãe nos afazeres bem como auxiliar no cuidado dos irmãos mais novos. Ele era o que ajudava nas tarefas da casa, porque o pai estaria dormindo, pois sempre chegava de madrugada todos os dias do seu trabalho na Tecelagem. Ele precisava cuidar dos menores e não os deixarem fazer barulho ou chorar, porque se não o papai acordava com facilidade e aí seria um deus nos acuda pra criançada porque o chicote corria solto nos traseiros dos mais velhos. O seu pai era o principal mantenedor da casa, apesar da sua mãe ajudar nas despesas, trabalhando em casa, numa máquina de costura Vigorelli, produzindo roupas para uma pequena indústria de confecções próximo do centro de São Paulo. Como ela ajudava nas despesas da casa, então necessitava da ajuda dos filhos pra cuidar uns dos outros – se é que isso era possível – assim ela conseguia trabalhar nas costuras e ao término teria que pegar um ônibus e levar toda a confecção até a empresa. Muitas vezes a mãe dormia sobre a máquina de costura de tão cansada que ficava. E ele ao acordar bem cedinho pra se preparar pra escola a ouvia costurando e ouvindo bem baixinho uma rádio que tocava boas músicas dirigidas por um locutor com uma bela voz que se chamava Eli Corrêa.

O Juliano era um menino aplicado que gostava muito de estudar. Adorava fazer belos desenhos e recebia sempre elogios da sua simpática professora que também o admirava pela sua dedicação nos estudos e ela também gostava de seu jeito educado de ser. Em sua sala de aula havia um garoto que não gostava dele e o provocava constantemente com palavras ofensivas e por várias vezes o machucava com tapas e chutes. Ele não gostava de revidar as provocações porque depois o problema poderia se agravar em casa. É que não podia chegar a sua casa machucado ou com as roupas sujas porque a promessa do pai seria de tomar outra surra, porque dizia: - Onde já se viu um filho meu ficar brigando na escola! Se brigar é porque provocou a briga! Então apanha de novo em casa pra aprender a não brigar mais na escola!

Quando voltava da escola esquecia-se de tudo isso, e era só alegria com as brincadeiras de rua com os meninos da vizinhança. Era pique-esconde, passa anel com as meninas, correr atrás de raia dos meninos mais velhos e pedir frutas nos quintais dos vizinhos, sem mencionar outras artes que acabava com a festa e ficava de castigo em casa ajudando a mãe a cuidar dos menores. Era muita diversão!

Não havia televisão em sua casa, mas na vizinha havia uma televisão em preto e branco. De vez em quando subia numa grande lata de óleo vazia para espiar por cima da janela da vizinha pra ver o que se passava na televisão, mas quando era descoberto pela mãe o chinelo cantava. Não dava nada, era só procurar outra arte pra fazer e esquecer-se da surra que levou já que o papai não podia ajudar a mamãe, coitada, sobrava toda responsabilidade pra ela.

Enquanto o papai tentava dormir porque era necessário descansar pra suportar o trabalho do novo dia, os seus filhos queridos corriam pelo quintal naquele barulho típico de crianças. O Juliano e o Nando eram os que faziam mais arte no quintal porque o

Nilton o mais velho dos irmãos estudava sozinho à tarde e o Galdino, a Zenaide e o Reinaldo ficavam muitas vezes presos dentro de casa com a mamãe, porque ainda eram muito pequenos. O difícil era a mamãe aguentar o trio dentro de casa e ainda cuidar de tudo sem deixar as crianças acordarem o papai. Quem fazia mais barulho eram o Juliano e o Nando e constantemente necessitava da interferência da mãe pra expulsá-los pra rua. Só desta forma não acordaria o papai. As brincadeiras então aconteciam na rua frente de sua casa.

O Juliano crescia e tinha sonhos, mas não podia sonhar em ter muitas coisas porque sempre ouvia dizer que filho de pobre sempre será pobre. Havia um primo chamado Edinho que também morava em São Paulo, filho do irmão de seu pai que tinha a mesma idade que a sua e havia confessado que o seu sonho quando crescesse seria ser padre. Juliano sentia um desejo parecido, apesar de que não entendia direito estas coisas de adulto, mas que nos seus pensamentos o levavam a ser um pregador da palavra de Deus. Mas ele não se via como um padre, apesar de todos da família serem católicos romanos. O tempo passou e cada um seguiu o seu rumo. O seu primo ficou em São Paulo e veio a ser padre como sonhava. A família de Juliano logo se mudou para uma cidade pequena no interior do Paraná a pedido do médico do seu pai em meados de 1978, para que ele pudesse cuidar melhor da sua saúde, pois já andava um pouco debilitado devido à vida estressante que levava na grande metrópole e alguns problemas que tinha no coração.

Os seus estudos sempre foram em escolas públicas, devido às dificuldades financeiras que a sua família passava para alimentar a todos os irmãos, não podendo assim pagar uma escola particular. E já estando morando no interior do Paraná há pouco tempo a sua vida e de sua família se tornou ainda mais difícil porque necessitaram mudar mais uma vez de cidade. Agora uma nova e pequena cidade fazendo parte de sua vida devido às necessidades requeridas do novo trabalho do seu pai que sempre pensando no melhor pra família e pra sua saúde que ainda estava um tanto debilitada. Mas Juliano não olhava para estas dificuldades da família. Procurava sempre nos seus estudos se esforçar como um bom aluno e conseguir boas notas obtendo assim uma possibilidade de melhorar a qualidade de vida através do estudo, podendo vir a alcançar um bom trabalho e poder ajudar a sua família, em especial o seu querido pai. Vivendo apenas dois anos nesta pequena cidade, e com muitos sonhos de criança ainda por se realizar via na situação de sua família um caminho um tanto difícil dado à situação em que seu pai se encontrava. Para alcançar os seus sonhos tão almejado desde que saíra do interior da Bahia era preciso ser muito forte pra superar os obstáculos que a vida lhe impôs. O seu pai já enfermo e com muitas dificuldades pra trabalhar, vivendo com a pensão do governo há quase um ano sentia a cada dia mais suas forças se esvaindo. Agravando e muito o seu estado de saúde internado em um hospital de Cascavel no oeste do Paraná veio a culminar numa morte triste e solitária. Este hospital ficava numa cidade distante da que ele morava e os seus filhos com a sua mãe não tiveram condições financeiras pra viajar até aquele local e poder prestar os últimos momentos de amor e compaixão pelo pai doente ainda em vida e de ver o seu pai em seguida no leito de morte. O Sr. Jordão falece logo após completar os quarenta e três anos de idade, na primavera de 1982 deixando esposa e seis filhos. Como não havia ninguém dos parentes morando na mesma cidade que eles viviam, e também o desejo do falecido de ser enterrado na mesma cidade que os seus pais, a sua mãe Marta resolve levar seus filhos pra Foz do Iguaçu, onde seria enterrado o falecido e também ficaria mais próximo dos irmãos dele e numa eventual necessidade de ajuda teria a quem recorrer.

A viagem foi logo planejada com a ajuda dos seus tios que vieram para auxiliar no transporte do corpo do irmão. Colocaram toda mudança sobre um caminhão que foi contratado pra fazer a mudança e utilizando um dos carros dos seus tios como carona, foi possível colocar uma parte da família em um desses carros. Dois dos irmãos maiores viajaram na cabine do caminhão, e como não havia espaço na cabine para o Juliano então a solução foi transporta-lo na carroceria do caminhão junto com a mudança, coberto por uma lona, pois não havia realmente outra forma e a viagem seguiu o seu destino. Como o clima naquela cidade que moravam era agradável, não foi tão ruim o início da viagem, mas quando rodaram mais de duzentos quilômetros a situação mudou muito, o calor foi aumentando e a situação começou a ficar muito difícil no sacolejar da carroceria, espremido entre tantos móveis ao seu redor. Se caso houvesse um acidente na estrada vindo a colidir com outro veículo com certeza ele seria esmagado entre os móveis que o cercava. Mas Deus tinha um plano para este garoto que nada disso aconteceu. Quando o caminhão chegou com a mudança na cidade de Foz do Iguaçu já era final de tarde, quase ao anoitecer e o calor na carroceria do caminhão era insuportável. Foi um momento de salvação e de grande alívio quando parou o caminhão e o motorista o tirou da carroceria. Já se podia perceber que aquele calor agonizante da cidade de Foz do Iguaçu que fica encravado às margens do rio Paraná, não traria uma boa impressão. Mas o fato de começar uma nova vida aos 13 anos em um lugar tão diferente trazia um alívio pra alma. Afinal de contas não seria tão ruim morar num lugar tão quente como Foz, até porque a segurança que teria ao estar próximo de familiares valeria qualquer sacrifício, sendo que caso houvesse algum problema mais grave com qualquer um da sua família haveria parentes bem próximo para ajuda-los. Isso é gratificante e consolador pra quem ficou sem o pai numa idade tão prematura da vida.

Sete anos se passaram vivendo nesta cidade com muitas dificuldades, sem um pai pra ajudar nas despesas de casa e com poucos recursos que vinham do trabalho da sua mãe num comércio de alimentos da cidade, houve necessidade de contar com a ajuda do salário do mano mais velho, o Nilton, que por sinal acabou por assumir uma boa parte da responsabilidade pelos irmãos mais novos. Mesmo tão novo, mas já agia como se fosse maior de idade, devido à dificuldade de a mãe ter que cuidar dos seis filhos sem a presença de seu marido pai de seus filhos. Sozinha e ainda bastante nova com apenas 36 anos de vida, na flor da idade, preferiu dedicar sua vida em tentar ao menos dar uma educação e cuidar dos seus seis filhos, deixando a possibilidade de um novo casamento no hall do esquecimento.

Juliano, garoto ligeiro no raciocínio, sempre de olhar curioso para tudo que encontrava no seu caminho, buscando oportunidades melhores nos estudos como também no trabalho, se prontificou em ajudar nas despesas da família. Afinal não era novidades para ele o trabalho, desde muito pequeno aos seis anos de idade quando moravam em São Paulo procurava ganhar uma grana vendendo refresco em pacotinhos, numa caixa de isopor pendurada ao ombro por uma alça que mal conseguia segurar. Devido ser muito grande, chegava até ao chão esfregando-a nos pedregulhos das ruas irregulares do bairro em que moravam próximo de sua casa. E quando sua família se mudou para o interior do Paraná, logo encontrou uma maneira de ganhar o seu dinheiro e ajudar os seus pais; providenciou uma caixa de madeira e pediu para um homem amigo fazer um caixote de engraxar sapatos. E assim começou a ganhar o seu próprio dinheiro. Foi convidado em pouco tempo a trabalhar em um escritório de representação do INSS onde aprendeu um ofício de escriturário, e um belo dia vendo a possibilidade de aumentar o seus ganhos, aceitou trocar de emprego e voltar pra rua pra fazer entregas de um jornal de grande circulação no estado. A entrega seria feita somente para os assinantes deste jornal periódico. Trabalhava seis dias por semana das 7 da manhã até uma hora da tarde. Dois anos viveram nesta cidade até a morte do seu pai que os fez sair em busca de novas oportunidades em Foz.

Estando em Foz, um belo dia quando trabalhava de bicicleta, uma monareta daquelas que não tem barra de proteção entre as pernas, com um guidão e selim bem altos que a empresa o emprestara pra levar documentos e correspondências ao correios, foi atingida por um choque violento na roda trazeira da bicicleta; atingido por um veículo que trafegava muito rápido e não percebeu que havia uma bicicleta à sua frente, e com o impacto da batida ele foi lançado longe do local do acidente e caiu imóvel sobre o canteiro central da avenida em que trafegavam. Todas as pessoas que passavam naquele momento correram pra socorrê-lo e alguém ao vê-lo imóvel chegou a perguntar um para o outro se o rapaz não teria morrido. Mas para alívio do motorista que provocou o acidente e que logo saltou do carro para resgatá-lo, o rapaz voltou a se mexer e demonstrou apenas dores no corpo e alguns cortes na lateral das costas. Levado a uma farmácia bem próxima do local do acidente, foi medicado e liberado pelo farmacêutico e ao perguntá-lo onde poderia deixa-lo, não pensou duas vezes e disse: - Quero ficar na casa da minha vó, caminho que vai para o rio Paraná. Não quis nem saber se a empresa iria precisar dele ou não, enquanto sua mãe estava no trabalho achou por bem não avisá-la de logo, para não assustá-la.

Ficar na casa da vó até se recuperar foi a melhor coisa que poderia acontecer. Agora seria um pouco paparicado com doces, sucos e carinho da vozinha querida. A sua mãe depois de receber a notícia e saber que estava na casa da avó paterna ficou mais tranquila e aprovou a atitude do seu filho em ficar na casa da avó.

O tempo passou e depois de trabalhar por mais sete anos em outra empresa, resolve largar o trabalho e a faculdade de História que estava fazendo numa cidade vizinha e tomar um novo rumo na sua vida. Após uma visita de férias no verão à capital do Paraná, ficou loucamente encantado pela cidade maravilhosa, tanto que disse pra sua mãe que trancaria a matricula na faculdade, largaria o emprego de vendedor numa loja de materiais de construções e embarcaria no dia seguinte para um novo sonho, a agora tão sonhada Curitiba.

Com vinte e um anos de idade e ainda solteiro e sem namorada, era preciso preparar um novo futuro, e este futuro não incluiria a sua família, ou seja, sua mãe e seus irmãos. Era preciso ir sozinho e bem rápido antes que alguém pudesse impedi-lo de ir. Agora precisava mostrar para o mundo que se tornou um homem e que poderia cuidar muito bem da sua vida sozinho. - A tarefa não parecia difícil, certamente tiraria de letra. Pensou ele.

Mas na verdade a realidade acabou sendo outra quando ele chegou a Curitiba. O dinheiro que havia recebido da empresa que trabalhara anteriormente não daria pra se manter durante muito tempo. A questão agora seria negociar uma moradia de favor mesmo que por um curto período de tempo com um tio que já vivia alguns anos nesta cidade, até conseguir independência financeira pra pagar por uma casa de aluguel. E sem muito que pensar assim foi feito.

- A casa dos tios é aconchegante e todos são bem receptivos; as primas são mais novas e não vão oferecer resistência a sua permanência ali. Foi o que o Juliano pensava. Logo a família foi disponibilizando um quarto pra colocar as suas coisas e em seguida ele já iniciou a busca por um novo emprego.

- Era preciso andar muito tempo de ônibus pra conseguir chegar onde precisava. Saia perguntando pra quem encontrava pelo caminho onde ficavam os endereços que ele carregava nas mãos, retirados dos classificados de emprego do jornal Gazeta. Normalmente saía com um punhado de opções de vagas de emprego e voltava no final do dia sozinho, sem emprego e sem energia. Mas havia uma felicidade e uma alegria tamanha por estar conhecendo a cidade maravilhosa que é o sonho de muitas pessoas que pensam em ter uma vida de conquistas numa cidade grande como Curitiba.

- Não haveria problemas se no dia seguinte tivesse que começar tudo de novo. Lugares novos, pessoas novas, cultura diferente das que já viveu. Tudo isso valeria a pena. Viver em cidade grande não é para todos, é para aquele que tem fibra, que tem garra e tem um sonho de transformar sua vida. Que deseja encontrar a felicidade, de encontrar uma mulher amada e constituir uma família perfeita. Deve ser o sonho da maioria das pessoas. Pensava ele.

As coisas pareciam estar indo tudo bem e era só felicidade! Novos ares para respirar, nova cultura, um povo de pensamentos diferente, mesmo que sejam de pouca conversa, mas com certeza uma cidade linda e maravilhosa. O povo é de característica europeia que não gosta muito de conversa, mas também não incomodam a ninguém, é só cada um ficar na sua que tá tudo bem. Agora o passado foi deixado pra trás, as dores da falta do pai e a dependência da família já não existe mais. Tudo agora será diferente! - O tempo passa rápido, a vida vai e nem percebemos, quando vemos já estamos velho, então não se pode perder tempo, pois ele é precioso.

Demorou trinta dias, mas finalmente o emprego estava garantido. Finalmente conseguiu um trabalho digno, uma jornada de seis horas numa empresa de ônibus dentro do município ganhando um salário mínimo. O tempo que iria restar do dia poderia aproveitar para praticar algum tipo de esporte numa academia e também poderia fazer algum curso profissionalizante pra alcançar um trabalho com mais especialidade e com um salário ainda mais vantajoso. E foi isso que aconteceu.

Três anos depois estava trabalhando numa empresa do governo após passar em um concurso público. A empresa era muito boa, tinha muitos benefícios para o funcionário e amparava na questão de saúde e previdência privada. Por três vezes ele conseguiu melhorar de cargo, alcançando uma das áreas de seu interesse que era a de tecnologia em processamento de dados.

Desenvolveu muito os seus conhecimentos de tecnologia e pode entender o que realmente é uma grande corporação, com grandes profissionais, especialistas e engenheiros de todas as áreas necessárias para que ela fosse considerada a melhor empresa no seu ramo na América do sul.

Mas uma questão muito importante havia acontecido em sua vida neste período em que trabalhava nesta empresa e com certeza culminará numa mudança radical de seus pensamentos em relação à vida em que viveu até então.

Quando completara cinco anos nesta empresa aconteceu algo extraordinário que mudou drasticamente a sua vida, como jamais havia pensado que seria possível acontecer. Começou com um planejamento de uma viagem de férias com destino à Bahia, sua cidade natal.

Uma oportunidade de viagem de férias no ano de 1995 à cidade natal no nordeste o deixou faceiro, porque nunca mais havia voltado lá, desde 1974 quando houve a mudança de sua família para São Paulo.

A viagem finalmente aconteceu no início do inverno deste ano em questão, mas Juliano estava com alguns problemas de saúde e não havia contado pra ninguém.

Havia um problema de saúde com ele que aparentemente as pessoas e os familiares não conseguiam perceber, mas só mesmo Juliano sabia o que havia em seu interior, no seu corpo e nos seus pensamentos. Há um bom tempo, uma dor muito incômoda havia tomado conta de seu corpo na região lombar, na garganta e também na cabeça frontal e na nuca, e posso mencionar que a garganta era muito delicada porque inflamava até mesmo no verão. Tomar sorvete sempre foi uma aventura, porque após se deliciar com os sabores que tanto adorava, vinham às complicações na garganta. Outras dores também já lhe afligiam. Além das dores na garganta, havia também dores nas costas na região espinhal, e dores de cabeça como se fosse uma enorme enxaqueca que o incomodava muito e insistia em permanecer na maior parte do tempo, mesmo após tomar os medicamentos fortes receitados pelos médicos. Não havia nada que pudesse aliviar. E quando as dores resolviam dar um tempo e sumia de vez em quando, aí ele podia viver alguns dias em paz. Mas logo as dores do corpo voltavam e com ela as dores de cabeça e a inflamação da garganta que persistia continuamente. Já estava habituando a conviver com aquelas dores, pois não sabia como se livrar delas.

Na busca da solução destes problemas consultando especialistas, eles solicitavam muitos exames no decorrer do tempo, para tentar diagnosticar a causa das dores que o afligia continuamente. Nada de sério foi encontrado nos exames. Uma solução paliativa seria tomar os medicamentos já prescritos pelos médicos pra minimizar as dores, mesmo que elas insistiam em permanecer. Para aliviar um pouco mais as dores era necessário participar de muitas sessões de fisioterapia durante muito tempo, e nunca deixando de tomar os medicamentos prescritos pelos médicos, e deveria ser durante a vida toda. Assim orientavam os médicos.

Então chegando à Bahia nesta viagem programada, ele mencionou estas dores que sentia para a sua avó. Ela mais que depressa no desejo de fazer o melhor para o seu neto, o leva até uma mulher rezadeira muito conhecida daquele povo antigo que viviam naquela região e que morava em um sítio muito distante da casa da sua avó.

As informações de que se tinha em relação a esta mulher idosa, era de que ela usava algumas ervas milagrosas banhadas em uma espécie de água de cheiro. Com a pronúncia de uma reza estranha e aspergindo esta água de cheiro sobre a pessoa enferma todos os problemas que existissem no corpo desapareceriam, trazendo assim o alívio completo.

Então teve o início a esse trabalho de descarrego, pois foi assim que a boa idosa a chamou, pra dar um fim ao mal que assolava o corpo de Juliano. Começou então o aspergir sobre o seu corpo usando alguns ramos verdes mergulhados numa água que ficava numa cumbuca antiga de barro sobre uma pequena mesa, velha e de madeira com várias imagens de santos. Não se sabe que santos eram aqueles. Com alguns ramos tipo galhos de planta de algum tipo de arbusto com um cheiro um tanto estranho, esses ramos eram chacoalhado sobre a cabeça e depois sobre as costas e em seguida pela frente e depois por trás. Num balançar de galhos sobre o corpo numa sequência um tanto frenética causava um clima um tanto assustador e em seguida era feito a imposição das mãos sobre a cabeça, com a pronúncia de uma reza bastante longa e estranha, que mal dava pra entender alguma palavra. Mesmo sem conseguir compreender direito o que estava acontecendo e quais eram aquelas palavras que ela pronunciava, ela aos poucos foi dando por encerrada o tratamento.

A boa velhinha separou um pouco daquele liquido que usou para aspergir sobre o corpo de Juliano e o colocou numa garrafinha bem pequena, e recomendou de que deveria usá-lo durante sete dias, e que só um pouquinho poderia ser despejado a cada vez sobre a cabeça, quando estivesse debaixo do chuveiro antes de tomar a ducha. Mas só poderia fazer desta forma quando o retornasse para Curitiba. A alegria já tomava conta do seu coração porque se o liquido fosse realmente milagroso, as dores com certeza iriam partir para o além de uma vez por todas.

Ao retornar da viagem para Curitiba, já estando ele em casa, de imediato procurou tomar o banho que fora recomendado. Começou a fazer o ritual indicado pela bondosa rezadeira, daquelas terras longínquas.

Durante os sete dias foram feito todo o ritual de modo rigoroso conforme a orientação recebida da idosa. Então se passou os dias e nada de cura. Não aconteceu nada de melhora. Na verdade as dores aumentaram ainda mais e a cabeça parecia uma panela de pressão. Era como se havia soltado o cerebelo do miolo da cabeça, porque balançava como um pendão de um relógio de parede, e as costas não era diferente porque dia a dia piorava e os remédios não faziam quase efeito. Então ele pensou: O que fazer agora pra resolver este grande problema, se tudo o que precisava fazer já havia sido feito e não houve solução!

No retorno ao seu trabalho, durante a madrugada no seu turno de seis horas como operador de Mainframe, numa sala totalmente refrigerada pra manter as grandes máquinas de impressões e os robôs na temperatura ideal para que eles trabalhassem sem causar problemas, gemia com as dores nas costas, e por muitas vezes precisou da ajuda de um colega que trabalhava ao seu lado pra tentar amenizar as dores.

Ele ofereceu um tratamento um tanto inusitado que o seu avô lhe ensinara para tirar dores de coluna. Pediu que ele se deitasse no chão com as costas voltadas para cima e tirando os seus sapatos caminhava sobre a sua coluna, do tronco da cabeça até a bacia por várias vezes até aliviar as dores. Olha que o negócio ajudava um pouco, ao menos para aguentar a carga de trabalho até o final do expediente, e em seguida poderia ir pra sua casa e descansar melhor das dores, em sua própria cama. Isso foi feito por várias vezes, até ser chamada a sua atenção por um colega de turno e ter que parar pra não ter problemas com a chefia.

Houve períodos de sua vida que quando ele não estava em seu trabalho ocupando os seus pensamentos com suas obrigações, saia durante as noites de carro, principalmente em finais de semana para refletir sozinho sobre sua vida. Por muito tempo andou vagando pelas ruas madrugada adentro, pelas esquinas e bares em busca de uma razão pra viver. Perambulava nas noites frias de Curitiba em casas noturnas, em boates e nos agito que a vida tradicional oferecia, esperando encontrar um momento de alegria e satisfação, mas que não passava de noites vazias e caminhos tortuosos que levavam a lugar nenhum. A solidão parecia ser a sua companheira constante e nunca se apartava dele como se fosse uma sina que tivesse que cumprir nesta vida. A sua vida era opaca e sem sentido. Tenebrosas e inquietantes eram muitas as madrugadas que ele vivia. E assim que a madrugada ia chegando ao fim com o raiar de um novo dia permanecia a sensação de que nada havia mudado e o gosto angustiante entalada na sua garganta dos dissabores da vida que levava o tornava cada vez mais infeliz. O rancor que angustiava a sua alma criando um abismo profundo trazia uma sensação inebriante de morte que rondava constantemente os seus pensamentos. A necessidade de encontrar algo superior àquilo que conhecia até então era tão grande que um desespero quase constante tomava conta de seu interior. Viver já não parecia uma boa opção diante de sua atual situação de vida. A morte parecia algo mais próximo da realidade do que qualquer outro objetivo. O motivo de ainda estar vivo era saber que em pequenos flashes que vinham e desapareciam de seus pensamentos ainda o conectava com a vida presente e criava uma esperança como se fosse a última coisa que ainda restava em seus pensamentos. Em busca desta esperança ele lutava com a sua própria alma buscando nos livros de ficção uma saída para seus problemas. Poltergeist era uma curiosidade que mexia com seus pensamentos. Nostradamus trazia informações que suscitava grande curiosidade, assim como Júlio Verne. Tudo isso aliado a tantos outros sonhos fantasiosos de extraterrestres e sonhos com mutações humanas animalescas e que constantemente ele trazia em seus pensamentos quase que diário. Acreditava que uma luz branca e às vezes ofuscante viria até ele e o levaria até uma aeronave espacial e dali para um mundo distante daquilo tudo que até então o conhecia. Nas madrugadas vinham sonhos terríveis como pesadelos intermináveis que pareciam não ter fim e o levava para um mundo isolado de uma realidade alternativa e tudo era como um infinito, um abismo, sem som, sem cores, sem pessoas, sem céu e sem terra ao redor. O desconhecido o fascinava, mas também o oprimia trazendo angustia e pânico em muitas madrugadas, fazendo suar de tal forma que quando acordava percebia que estava com a roupa totalmente molhada de suor. O lugar que se encontrava no mundo alternativo era vazio e sem forma como a face do abismo. Os momentos do sono pareciam intermináveis porque sentia como se estivesse sendo asfixiado por alguma força sinistra, tragado por um buraco negro que o impedia de gritar e pedir socorro, e que aos poucos ele ia perdendo o fôlego de vida como se a sua alma estivesse sendo sugada de dentro de seu peito. Quando acordava a sua respiração era muito ofegante como se alguém segurasse a sua garganta e um suor frio escorria pela sua face e as suas forças quase parecia chegar ao fim. Aos poucos ele ia recuperando as suas energias e logo se esquecia do que havia acontecido naquela noite. E era como se nada realmente tivesse acontecido.

Mas todos estes problemas já vinham ocorrendo desde a sua adolescência na cidade de Foz do Iguaçu. Em certos momentos durante a madrugada acordava como que de relance ao perceber que uma voz o chamava. Sem ver ninguém por perto levantava no escuro da madrugada que parecia um breu e se movimentava pela casa procurando o autor daquela voz que aos poucos se distanciava e como se fosse numa cortina de fumaça desaparecendo de diante de seus olhos. Ele abria a porta principal da entrada de sua casa e olhando para fora em direção à rua chamava como se chamasse a alguém e perguntava se vinha em paz ou não. Como a voz não respondia saia da casa e a rodeava esperando que pudesse encontrar alguém e às vezes andava até próximo à rua porque a sua casa era distante do portão de entrada, para ver se os seus olhos alcançasse alguém. Não vendo ninguém retornava para dentro de sua casa e voltava a dormir como se nada tivesse acontecido.

Quando algumas vezes ele ia à noite para a escola sem a companhia de seus irmãos ou de algum amigo, pressentia como se alguém o acompanhasse e sentia como se fosse uma sombra ao seu lado se movimentando em silêncio. E quando retornava do colégio já tarde da noite costumava ir acompanhando uma ou outra amiga até próximo de sua casa para protegê-la e voltava andando durante quase uma hora sozinho numa escuridão de dar calafrios, mas sempre seguro de si como se alguém o acompanhava e o protegia de certa forma. Certa vez já tarde da noite quando retornava a pé da escola na companhia de uma amiga que prometera deixa-la em sua casa em segurança, foi abordado de supetão por dois homens estranhos que estavam numa moto e que nunca o havia visto antes no colégio e nem nas imediações. Eles o cercou e o ameaçou agredi-lo e dizendo que iria levar a garota consigo fazendo um gesto brusco para agarrá-la. Os homens eram altos e fortes, mas ele não se intimidou. Num movimento rápido ele se colocou adiante da moça e o protegeu com o seu corpo e esbravejando foi logo dizendo que ninguém iria tocá-la e que eles deveriam ir embora imediatamente. Num súbito momento os homens mudaram o tom de voz e resolveram em comum acordo irem embora e deixa-los em paz. E assim pode prosseguir o seu caminho com tranquilidade.

Em outro momento sempre próximo a meia noite a caminho de sua casa homens o cercaram numa emboscada a fim de roubá-los a ele e a seu irmão Nando. E de repente saiu outro homem que se escondia no escuro e disse para estes homens não tocar neles porque eles eram "sangue bom", gente sua. E permitiram que fossem em paz sem nada lhes tomar. Mas coisas estranhas sempre estavam presentes em sua vida.

Quando fatos estranhos acontecem num cemitério faz com que ele fique mais atento as para-normalidades que o cerca. O cemitério onde jazia seu querido pai sempre foi um atalho para ele ir de um determinado lugar a outro para se encontrar com certos amigos. O desvio pelo cemitério encurtava uma boa caminhada e como nunca houve nenhum problema antes neste caminho ele se sentia sempre seguro e confiante. Mas num belo dia ao entardecer quando desviava pelo cemitério na companhia de seu irmão mais novo, o Nando, ele percebeu uma cena um tanto estranha numa sepultura que já existia ali há muitos anos. No meio desta sepultura suntuosa havia uma capela com imagens de santos da religião oriental e no centro do sepulcro havia um mastro de mais de dois metros de altura, feito de concreto e revestido de metal tornando uma coluna bastante rígida. Naquele dia no final da tarde quando ele passava por este lugar que habitualmente costumava passar percebeu algo estranho naquela sepultura e quando se aproximou percebeu que esta coluna vibrava de forma vigorosa como se fosse um bambu de madeira sendo balanceado pelo vento. Por achar aquela situação inusitada e mesmo assustado gritou para seu irmão que estava um pouco mais distante e o chamou pra confirmar aquela visão um tanto estranha. Ao chegar próximo da sepultura o seu irmão também constatou que realmente estava vibrando aquela coluna de concreto e ferro enterrado há anos naquele lugar donde jazia um defunto. Isso parecia impossível acontecer porque ele já havia muitas vezes subido sobre o local onde se encontrava a coluna e sabia que seria impossível até mesmo com vários homens fortes fazer vibrar aquela coluna. Um pânico tomou conta de sua alma e dali mesmo saíram correndo imediatamente a caminho de sua casa sem olhar para trás, tanto foi o assombro daquela visão.

Esperou um bom tempo até chegar próximo ao mês de finados e resolveu voltar naquela mesma sepultura para mostrar a certos amigos o local que ocorreu tal fenômeno. E para sua surpresa não havia mais aquela coluna sobre o sepulcro e nem mesmo a marca da coluna havia ficado, pois imaginava que alguém o removeu e o cobriu com a cerâmica da mesma cor do restante do jazido. Quem olhava para aquela sepultura não imaginava que durante muitos anos houve uma coluna robusta de concreto e ferro no centro do sepulcro, sempre muito bem cuidada. É como se nunca houvesse ocorrido tal coisa. Mas eles sabiam que era verdade o que havia ocorrido naquele cemitério ao final daquela tarde já quase anoitecendo. Só não tinham como provar o tal fenômeno porque naquela época não havia meios para registrar os fatos e o que existia de tecnologia para gravar era muito caro.

Já em Curitiba quando ele andava quase sempre sozinho nas noites frias pelo calçadão da rua das flores pressentia como se o seu falecido pai o estivesse observando e percebia no rosto de muitas pessoas como se fosse a fisionomia dele. Um sentimento de solidão e tristeza tomava conta de sua alma porque havia perdido o seu pai quando ainda era bastante jovem, apenas um adolescente e que não pode fazer nada para reparar aquilo. O sentimento de abandono era muito grande mesmo ainda tendo uma mãe para tentar confortá-lo no dia a dia. E por mais que houvesse passado mais de uma década do falecimento de seu pai, não era tempo o bastante para esquecê-lo. Mas o tempo não o impedia de continuar tendo aqueles mesmos pesadelos que o atormentava durante suas noites de sono.

A dor e a solidão eram demasiadamente grandes e o abismo que sentia dentro do peito era maior ainda. Nada parecia preencher aquele vácuo que existia no seu interior. Nem festas nem amigos nem baladas nem mulheres, nada resolvia aquele vazio. Em apenas alguns momentos de sua vida ele podia desfrutar um pouco de alegria e paz que até esquecia momentaneamente de toda aquela dor. Mas logo voltava a velha situação de sentimentos de solidão e de abandono. Correr contra o tempo para resolver aquela situação parecia o melhor a fazer antes que algo pior pudesse a vir acontecer. Sabia que estas coisas poderiam leva-lo ao suicídio ou ao abandono total da vida e acabar se deixando levar a viver uma vida como um indigente, abandonando todos os princípios de família e de sociedade que conhecia desde criança.

O início da solução de todos os seus problemas veio através de uma programação de televisão que ele começou a assistir nas madrugadas. Depois de muita procura por algo que pudesse ajuda-lo, num momento em que já não acreditava que seria mais possível, foi que este programa apareceu oferecendo uma oportunidade de conhecer um lugar onde todas as dores poderiam chegar ao fim. Este lugar era uma igreja pentecostal da qual ele nunca havia conhecido, totalmente diferente de todas as outras que já ouvira falar até então. Houve um pouco de resistência em aceitar a mudança ou participar de uma nova religião, porque afinal de contas existia uma ligação forte com o catolicismo romano herdado dos pais e de seus antepassados. Mas era preciso criar coragem e mudar os dogmas, cortar as raízes e romper o cordão umbilical da religiosidade.

Mesmo diante de tantos pensamentos e preocupações de como seria a reação dos seus familiares, amigos e colegas, todos eles ligados aos conceitos do tradicionalismo que cercava o catolicismo romano, sabia que por outro lado também não podia ficar pensando muito nestas questões. Se quisesse fazer algo inovador, diferente, algo que pudesse realmente trazer uma transformação em sua vida teria que ser agora, não tinha mais como esperar, porque a alma estava sofrendo demais.

Num belo dia antes da virada do ano de mil novecentos e noventa e sete ele teve um sério desentendimento com sua namorada que a amava muito e pensava em casar, até planos já estava fazendo. A discussão ocorreu porque ela quebrou a confiança dele ao sair de viagem para o litoral sem avisa-lo e o deixou para que pudesse ir quando fosse liberado pela empresa no período de férias de fim de ano. Ele ainda precisaria trabalhar por mais alguns dias até ser dispensado pela empresa para o fim de ano. Ela só o avisou da viagem quando já estava na praia com as amigas. Como a atitude dela gerou uma insegurança muito grande abalando a confiança que existia entre ambos, ele acabou discutindo com sua namorada Simone e no momento quente da discussão decidiram romper o compromisso. Ele desistiu de permanecer neste relacionamento mesmo com todo o amor que nutria por ela. Não conseguiria imaginar viver com alguém que não o respeitasse e que certamente ele poderia sofrer ainda mais num futuro próximo, caso viessem a consolidar o casamento. Os planos realmente foram por água abaixo. Tudo havia acabado. Restaram somente as dores que se tornaram grandes e difíceis pra suportar.

E para tentar esquecer um pouco aquela situação procurou se encontrar com seus familiares na praia de Piçarras em Santa Catarina, onde passariam o Réveillon. Na virada da noite de 1997 para 1998 enquanto todos cantavam, bebiam e se jogavam nas águas da areia do mar, cantando canções de feliz ano novo, se cumprimentando pela entrada de um novo ano, ele procurou um lugarzinho mais distante de todos, e sentado numa pedra, cabisbaixo, se aliou a solidão e a tristeza da alma e se pôs a chorar amargamente a sua perda. Nunca havia conseguido a mulher certa pra se casar e quando acreditava que a Simone era a sua mulher perfeita aconteceu o que ele jamais poderia imaginar. O fim do relacionamento era certo, e não teria volta. Ali na praia junto com os familiares em meio a tantas alegrias, tantos fogos e festejos, o que lhe restara foi apenas chorar.

Para ele não havia motivos de alegria naquele começo de ano, não tinha o porquê permanecer com os familiares na praia, o melhor seria retornar para casa. Ao voltar para Curitiba procurou o mais rápido possível o endereço da igreja que sempre ouvira falar nas programações da televisão que assistia nas madrugadas.

Pela manhã num belo domingo ensolarado se assentou em um dos bancos da igreja e ficou ouvindo as pregações que vinham de encontro às suas dores e ao sofrimento da sua alma.

Aos poucos o seu coração foi se acalmando e em poucos dias entendeu que Deus teria algo muito maior para sua vida além mesmo da sua necessidade sentimental ou conjugal. Entendia que ali nasceria um novo homem, diferente e equilibrado daquele que fora até então. Era o começo de uma nova vida e de uma nova forma de pensar sobre tudo o que conhecia ou que tinha vivenciado até aquele momento. Logo no primeiro mês ele consegue ficar livre das dores físicas que já sentia há um bom tempo e também controlar os desejos e sentimentos do coração e aprendendo como domina-los. Acontece então a cura das doenças. A cura das dores das costas e da nuca, das enxaquecas constantes e da inflamação de garganta que o incomodava há mais de três anos. Fica livre das mágoas e rancores que sentia por sua mãe desde jovem. Isso ocorreu tudo de forma muito rápida e como num passe de mágica. Participando das orações nas reuniões que ocorriam diariamente naquele templo pentecostal sua vida começou a tomar um novo rumo. A explicação pelas curas repentinas e milagrosas viria pela confiança que ele depositara nas palavras que ouvia diariamente sem questionar a fé ou a religião. Confiando apenas no poder da palavra de Deus obteve a vitória mediante a sua fé. Deixando para trás os dogmas e as ideologias praticadas pela religião de seus antepassados.

Era incrível a sensação que tomava conta de seu interior naquele momento, pois quando menos ele percebeu tudo de ruim que existia em seu corpo se afastou, como se fosse uma nuvem negra de uma tempestade repentina que logo dissipava. As idas e vindas naquela igreja fazia com que a esperança de uma nova vida renascesse através das palavras que lá se ouvia. É como se ele antigamente vivesse preso em uma redoma de vidro religiosa e que agora estava livre e pronto pra voar, voar o infinito, chegar onde jamais pensou em chegar. Tudo que ouvia naquela igreja o encorajava a ser uma águia que voa alto e sobe até o infinito. Compreendia que poderia alcançar lugares que jamais havia pensado.

Não havia mais dores, rancores, mágoas, sofrimento. Parecia que o céu desceu até a sua vida e que agora seria tudo diferente. Os seus pensamentos e a sua visão mudaram completamente na maneira de ver as pessoas e de ver o mundo ao seu redor. Não pensava mais como um homem normal, alguém que pensa de acordo com aquilo que os seus olhos veem. Seus pensamentos em relação à humanidade agora era outro. De repente dentro dele surgiu um desejo muito grande em conhecer as escrituras sagradas e descobrir quais eram os segredos existentes nelas que poderia mudar radicalmente a sua vida e de tantas outras também.

No decorrer do tempo o seu interesse pela palavra de Deus só aumentava e o que ouvia a cada dia o fazia mais forte. Pensava sempre num belo texto bíblico que diz assim: **"Conhecereis a verdade e a verdade vos libertará"**. Para ele esta mensagem era como uma bela música soando aos seus ouvidos, um alimento diário para que o seu conhecimento a respeito das coisas celestiais pudessem ser cada vez mais aprimorado. E obter cada vez mais crescimento no entendimento das escrituras sagradas. Este pequeno e poderoso texto bíblico o fez pensar e agir de forma diferente. Ele de fato se concretizou em sua vida. O seu encanto pelo conhecimento e entendimento cada vez maior das escrituras sagradas o fez mais homem, mais confiante. E como um alimento que o fortalecia de forma plena e satisfatória desta "boa nova" que é a palavra de Deus assim ele crescia dia a dia no seu ministério. Isto o contagiava de tal forma que ele não se preocupava mais com o futuro. Não pensava mais no que haveria de fazer para comer, para se vestir ou onde morar. Os seus valores haviam mudado de forma que almejar uma colocação melhor dentro da empresa que trabalhava estava fora de cogitação. E começou a abrir mão das oportunidades que surgiam na empresa, tais como: Fazer uma faculdade na sua área de conhecimento tecnológico e se colocar a disposição para os novos projetos existentes dentro da empresa. Constantemente ele ouvia as palavras dos pregadores que vinham do altar dizendo que os estudos não eram mais importantes do que a fidelidade com Deus. Aqueles que serviam a Deus com fidelidade e sinceridade, Ele o faria "cabeça" pra governar as nações, para serem pessoas de grande destaque mundial e também grandes empresários neste país. E costumavam falar que a maioria dos seus pregadores que faziam a obra de Deus pelo mundo afora não tinham nenhuma formação acadêmica e que o Senhor os abençoavam de forma que os seus ministérios cresciam dia a dia. E quem confiasse em Deus e colocasse também a sua vida nas mãos Dele não precisariam se preocupar com as coisas do amanhã, porque Deus cuida dos pardais e dos lírios do campo, e como não cuidaria também daqueles que o buscam e que Nele confiam? Diziam que seus pastores não sabiam pronunciar muito bem a língua portuguesa e que falavam as palavras de forma até incorretas, mas que Deus estava com eles e o usavam para abençoar o Seu povo. Falavam sempre que o mais importante também era estar sempre na igreja o máximo de dias possível, e que se viessem todos os dias seria melhor ainda. Assim Deus os abençoaria ainda mais.

Com isso ele foi deixando os seus sonhos de conquistar uma boa faculdade que poderia alçar uma melhor posição no quadro de funcionários que ele fazia parte. Ou poderia conquistar outro trabalho numa empresa ainda melhor que esta. Ele passou a viver apenas do dia a dia sem planejar conquistas financeiras. Quando ele não estava na empresa trabalhando era na igreja que o encontravam. Na igreja ele recebia convites constantes para integrar a um dos grupos que lá existiam, pra ajudar no trabalho social que era dirigido por pastores e obreiros diariamente de forma voluntária. Apenas os pastores recebiam ajuda de custo da igreja, pois não podiam trabalhar no mercado tradicional. Havia uma divulgação muito forte do trabalho social que a igreja fazia e a evangelização era um deles. Eles sempre convidavam novos convertidos a fazerem parte destes grupos no intuito de crescer cada vez mais o trabalho.

Com o tempo foi nascendo dentro dele o desejo de participar de um destes grupos e de fazer o trabalho social como outros o faziam. A ideia central seria de ajudar as pessoas mais sofridas, carentes e doentes que não tinham acesso a outras igrejas ou acesso a programas do governo. Levar estas pessoas a conhecer as promessas e o poder de Deus. Durante as reuniões diárias no templo com palavras de incentivo baseado no que está escrito de que a obra de Deus precisa de novos trabalhadores para a seara que é muito grande e que poucos são os trabalhadores, ele acreditava que seria um destes trabalhadores que Deus estava chamando.

Outros grandes pregadores diziam também que um filho de Deus não deveria trabalhar como empregado, sendo "cauda". Deveria buscar a independência financeira abrindo o seu próprio negócio, tornando se "cabeça". Este apelo era tão constante que num belo dia quando a empresa que ele trabalhava fez uma reestruturação para diminuir o quadro de funcionários e ofereceu aos seus colaboradores a oportunidade de se desligarem da empresa recebendo uma boa gratificação, ele aproveitou a oportunidade que parecia vir de Deus e se juntou aos milhares que aceitaram este plano de desligamento. Ele não pensou nos benefícios que estaria perdendo ao abrir mão do emprego e na possibilidade que teria de melhorar a sua carreira profissional dentro da empresa. O incentivo que vinha pelas promessas da palavra de Deus falava mais forte no seu coração. A ideia agora era buscar um novo negócio, entrando no campo do empreendedorismo. Mesmo não existindo ainda sequer o projeto no papel ele partiu pra luta.

Essa loucura de abandonar aquilo que era certo por algo ainda incerto é chamado de fé. A fé sobrenatural de que tudo é possível àquele que crê. Todo aquele que cresse em algo e empunhasse as suas mãos Deus o abençoaria, assim diziam as escrituras, os pregadores. E era o que ele pensava naquele momento.

Houve uma grande preocupação da sua parte quando pegou o dinheiro ao sair desta empresa. Precisava devolver o dízimo de tudo o que viesse às suas mãos. Isso era muito importante para ele. Há uma palavra nas escrituras sagradas que diz que tudo o que vieres a tua mão, separe os dez por cento porque pertence ao Senhor. E que as bênçãos do Senhor alcançariam aqueles que trouxessem à casa do tesouro todo o dízimo e as ofertas, para manutenção da casa do Senhor. Ele aprendeu que uma das maiores promessas de Deus na bíblia sagrada seria para o fiel dizimista, como está escrito: "Trazei todos os dízimos à casa do tesouro para que haja mantimento em minha casa; e provai-me nisto, diz o Senhor dos Exércitos, se eu não vos abrir as janelas dos céus e não derramar sobre vós bênçãos sem medida".

E a partir deste momento passou a buscar inspirações nas reuniões através da palavra de Deus para dar início ao seu novo negócio. Mas era preciso saber onde investir o dinheiro que ainda estava em suas mãos e que não poderia errar na aplicação porque o seu futuro dependia disso. E num determinado momento conheceu uma mulher em uma das reuniões que falavam somente sobre negócios e prosperidade, que sempre aconteciam todas as terças feiras num dos salões da igreja. Recebeu dela um convite para tornar sócio de uma pequena loja de perfumes importados num pequeno shopping da cidade. Esta mulher já havia prestado testemunho por diversas vezes no altar e nos meios de comunicação da igreja. Ela dizia das maravilhas que Deus havia feito na sua vida e que em tudo Ele o abençoava. Mas como existem pessoas de má fé dentro das instituições religiosas, e ali com certeza não seria diferente ele pensou em pedir apoio ao pastor responsável pela reunião. Ele então pediu orientação para um pastor que já a conhecia há um bom tempo e que fazia as reuniões dos empresários. Com o conhecimento e a experiência que este homem de Deus possuía sobre novos negócios e empreendedorismo ele acreditava que poderia receber uma grande ajuda de forma mais assertiva para não correr riscos de errar ou entrar num negócio enganoso.

Foi então que as orientações do pastor Luciano pareciam ser das melhores e que não haveria problemas em abrir uma sociedade com a Rosilda que obtinha um bom testemunho na igreja. Ela então fez um juramento ao pastor de que não havia interesses pessoais pelo futuro sócio, que seria apenas negócios empresariais. Esse cuidado todo era para que a sociedade não desandasse logo mais à frente devido a um interesse secundário. Então ficou certo de que eles poderiam dar início a esta parceria sob o consentimento e a benção do pastor Luciano.

Neste pequeno shopping já existia uma loja locada pela Rosilda para fins de vendas de produtos de beleza e perfumes importados e em fase de adiantamento de reforma. Ela já estava acompanhando um trabalho de reforma completa nesta loja. As obras de eletricista, pedreiro, gesseiro e marceneiro já estavam andando a todo vapor. O seu contador parecia uma pessoa correta e profissional. Ele estava lhe assessorando na abertura da empresa. A informação que ele repassou a respeito da sua cliente é de que ela não teria dinheiro para pagar os profissionais contratados. Já havia dívidas com alguns deles e como ela não obteve outra forma de conseguir este dinheiro, aproveitou a oportunidade desta sociedade para que o sócio que estivesse entrando no negócio pudesse colocar as contas em dia e dividir a sociedade meio a meio.

A promessa dela a respeito da parte em dinheiro na sociedade viria com o tempo, pois uma grana estava para entrar de um lugar que nunca se soube ao certo qual era. Mas como ela detinha o conhecimento sobre a área de perfumaria e cosméticos e também sabia quem eram os melhores fornecedores com os melhores preços de mercado seria aceitável a sua sociedade mesmo que o dinheiro pudesse vir mais tarde. Isso era um bom começo, ela entraria com a experiência e uma carteira de clientes e o Juliano entraria com a parte financeira, já que era ele o único que possuía condições pra pagar os profissionais contratados por ela. Foi então feito um compromisso com o shopping incluindo a nova empresa com os dois sócios, dividindo assim a responsabilidade pelas despesas da loja com o shopping. Com isso as contas começaram a ser pagas para que o serviço pudesse ser concluído o mais rápido possível. Precisava logo acontecer a inauguração da loja de perfumes. Diante de tudo isso foi necessário pagar algumas dívidas dela que existiam no banco para que pudessem contratar os serviços de máquina de cartão de crédito e conseguir cheques e limite para a empresa. Porém os problemas só aumentavam com o passar dos dias. Foi necessário pagar as contas de luz e telefone de seu apto, despesas com um antigo contador que não parava de importuná-la e garantir as suas despesas diárias com dinheiro para transporte e alimentação até que "seu dinheiro" chegasse.

Os fornecedores de perfumaria tinham as lojas de importação em São Paulo, na famosa Rua 25 de março. Então foi necessário planejar uma viagem com a locação de um veículo para buscar o estoque que a loja necessitaria para dar início às atividades. Ela acompanhou o Juliano na viagem, porque era ela quem tinha o contato com a empresa dos perfumes importados e que poderia tentar negociar menores preços. Todas as despesas da viagem e a compra dos produtos de perfumaria e cosméticos ficaram tudo por conta de Juliano. Entre a viagem de ida e volta foram três dias em São Paulo, pousando de favor em casa de parentes dele para não onerar muito a viagem.

Finalmente a loja foi inaugurada e tudo parecia muito bonito e organizado. As despesas dos serviços contratados agora estavam todas pagas, a loja montada com móveis sob medida, vidraças novas, espelhos e prateleiras tudo em vidro da melhor qualidade. A Rosilda tinha a prática do negócio e conhecia muito bem o mercado de perfumes e o fez acreditar que aquele shopping era o lugar ideal pra montar o negócio. Ela tinha um bom conhecimento dos produtos e experiência em vendas conforme o convenceu disso. Ele tinha entrado no negócio com a participação em dinheiro, crendo no profissionalismo que ela demonstrava ter e no potencial que ela representava. Ela se mostrava confiante no mercado de produtos de beleza e perfumaria. Tudo parecia um sonho.

Finalmente nasce um novo empreendedor e empresário no ramo de perfumaria. Agora é confiar em Deus e continuar nas reuniões do templo orando a Deus pra abençoar todo o trabalho de suas mãos e de sua sócia. Tinha tudo pra dar certo, pois foi tudo montado, organizado e planejado de acordo com a palavra que se ouvia a cada reunião na igreja. Não tinha como não prosperar. Os meses foram passando e o final de ano foi chegando e o movimento da loja não conseguia gerar um faturamento o suficiente pra pagar as despesas fixas. O aluguel e as taxas do shopping foram deixando de pagar e começou a se acumular. As cobranças eram constantes da parte da administração referente ao condomínio de tal forma que antes mesmo do início do verão foi necessário ter uma boa conversa com a sócia e propor o fechamento da empresa antes que se tornasse um buraco maior. Mas com muita insistência da parte dela para manter mais dois ou três meses para ver se o comércio reagisse por estar chegando o final de ano acabou por prevalecer a sua vontade. Neste interim surgiu uma oportunidade para ela ir pra Londres e lá conseguir levantar uma grana pra que ela pudesse injetar na empresa como parte de sua sociedade que ainda não havia colocado. Parecia muito convincente a sua proposta e ele então providenciou o dinheiro que era de investimento da empresa pra passagem de avião de ida e volta. Ela levantaria um capital em Londres em pouco tempo e enviaria para ele no Brasil ao ponto de conseguir salvar a empresa. Viajou ela e mais três amigos que tinha loja no mesmo shopping na confiança de que Deus estava no comando e que agora não tinha como não dar certo. O local onde deveriam ficar em Londres já estava tudo certo conforme combinado por telefone com suas amigas que já moravam lá. O trabalho também já estava definido conforme uma carta enviada a ela fazendo este convite.

O voo foi perfeito até ao aeroporto de Londres onde todos desembarcaram e cada um de seus amigos passou por uma entrevista com os agendes alfandegário. Todos foram aprovados e liberados na entrevista pra permanecerem em Londres, menos a Rosilda. A história que ela contou aos agentes não os convenceu da sua visita a Londres e então a deportaram para o Brasil. Desesperada pelo acontecimento e com a vergonha de ser expulsa da Europa, sequer fez uma ligação para o seu sócio informando o ocorrido. A informação do ocorrido chegou por meio de terceiros e um amigo íntimo dela foi busca-la no aeroporto e a levou para o seu apartamento. A decepção parecia ser tão grande que ela não apareceu nunca mais na loja, não deu sequer um telefonema informando a situação, deixando todo prejuízo com o seu sócio.

Ele então informou a administração o fechamento da loja e o ocorrido com a sua sócia. Foi necessário fazer um acordo com o shopping para pagar as dívidas que existia do período de locação. Neste acordo foram emitidas muitas promissórias com os valores da dívida em nome dele. Ele se comprometeu em paga-las para que a administração pudesse permiti-lo a retirada dos móveis e o estoque que existiam na loja. Mas depois de um mês quando estava tudo certo pra desocupar a loja o gestor do shopping proibiu retirar qualquer coisa até que fosse paga a dívida. Foi necessário entrar com uma petição através de uma advogada e por meio de um oficial de justiça obrigou o shopping a liberar tudo num final de semana.

Mas a vida não havia chegado ao fim e as coisas ainda poderiam mudar pra melhor. Havia ainda um pouco do dinheiro que ele havia economizado guardada no banco, fruto do acerto da empresa que trabalhara anteriormente. Seria possível abrir uma nova loja em um endereço de maior movimento e aproveitar parte da estrutura desmontada da loja do shopping. Poderia recomeçar. Mas depois de muita procura acabou se conformando de que não haveria como montar outra loja na região central porque não havia o suficiente pra recomeçar o negócio. Sabia que tinha uma dívida grande pra pagar e não poderia usar aquele dinheiro. Não negava a dívida, mas como pagar esta dívida que ficou do shopping se não havia condições de recomeçar com o pouco que ainda lhe restara?

A sua sócia apareceu aos poucos envergonhada, mas não tinha dinheiro pra bancar a sua parte na sociedade e o tempo havia acabado e não tinha mais o que fazer. Ele precisava vender ou negociar os móveis que conseguiu retirar da loja do shopping. Os espelhos, balcão, prateleiras e o estoque de perfumaria que sobrara.

Na igreja havia um propósito financeiro bastante ousado que levantavam os empresários "caídos" e neste propósito se pede pra sacrificar o que a pessoa tem em favor da fé em Deus. Pois Ele levanta do pó o necessitado, do monturo o desvalido para fazê-los assentar entre os príncipes. Porque Ele guarda os pés dos seus santos, porém os perversos emudecem nas trevas da morte; porque o homem não prevalece pela força. O Senhor é o que tira a vida e a dá; faz descer à sepultura e faz subir. O Senhor empobrece e enriquece; abaixa e também exalta. Palavras sagradas do livro da vida, em primeiro Samuel, capítulo dois a partir dos versículos seis até o versículo nove. Parecia ser a melhor coisa a fazer naquele momento. Confiar em Deus e depositar sobre o Seu altar aquilo que ainda tinha pra tentar montar uma nova empresa. Deveria crer que Deus abriria uma porta oportuna e derramaria as suas bênçãos sem medidas na vida de quem cresse. Assim foi feito conforme a palavra pregada naquele verão de 2000. Todo o dinheiro que ainda tinha no banco, fora a venda de todos os objetos de som, cama e tudo que ainda possuía em seu apto alugado, depositou também no Altar. Todo este sacrifício representava a sua vida nas mãos de Deus. Vendeu tudo o que possuía e mais o dinheiro que havia no banco e depositou sobre o altar, numa entrega total. Deus haveria de dar uma resposta. Uma nova visão de negócios. Uma ideia que fosse. Não tinha o porquê não continuar confiando nas promessas de Deus. É o que pregavam.

Desde o monturo Deus exalta o necessitado, para o fazer assentar entre os príncipes, para o fazer herdar o trono de glória; porque do Senhor são as colunas da terra, e assentou sobre elas o mundo.

A sócia surgiu novamente com uma promessa de ajuda na venda dos produtos de perfumaria que ainda restaram, prometendo vender para amigas da igreja e para a carteira de cliente que ela tinha e tentar assim ressarcir um pouco do prejuízo que a loja deixou. Porém pouco dinheiro voltou destes perfumes e cosméticos, uma boa parte ficou em consignação e em vendas a prazo que nunca retornaram. O moveleiro como era grande e não cabia no apto que ele morava, conseguiu um acordo com o próprio marceneiro que havia construído o móvel e deixou em um lugar seguro na sua marcenaria até conseguir vender para alguém interessado. Mas para sua surpresa em pouco tempo o marceneiro se mudou. Durante a noite ele pegou um caminhão e colocou tudo o que ele tinha da sua marcenaria e levou junto na mudança o seu moveleiro que estava guardado esperando um cliente interessado. Depois disso ele não atendia mais as ligações. Ninguém soube o paradeiro daquele homem, nem mesmo os mais chegados amigos da igreja que o conheciam há mais tempo, sabia o porquê ele fugiu na calada da noite.

Tudo se desfez na vida de Juliano e não havia mais nada a fazer do que confiar na resposta de Deus que viria com certeza do Altar. Assim ele acreditava. Agora ele estava sem empresa, desempregado e sem dinheiro. Como o apto já estava totalmente vazio e não havia como pagar mais o aluguel era preciso devolvê-lo à imobiliária. Assim foi feito. E agora bateu um desespero porque não tinha pra onde ir. Não haveria onde passar a noite. Pensou até passar a noite numa praça ou debaixo de uma marquise de loja. Foi quando resolveu ligar pra um antigo amigo que considerava como irmão pra ver se podia lhe dar um teto por alguns dias até conseguir sair daquela situação. Pois tinha vergonha demais de voltar para casa de sua mãe e explicar o que acontecera. Acreditava que Deus traria uma resposta rápida porque era assim que ele entendia através de tudo que ouvia nas pregações no Templo. Com grande angústia e vergonha do amigo saber em que situação ele se encontrava e pensando na explicação que teria que dar pra ele, pensou logo em até não ligar, mas por outro lado não querendo pousar nas ruas porque possivelmente alguém da igreja podia vê-lo naquele estado miserável e a vergonha ainda seria pior. Resolveu então ligar pra seu amigo José. Pediu um espaço pra ficar no seu apto por pouco tempo, até conseguir resolver a sua situação e não explicou muita coisa, o qual ele consentiu na hora sem muitas perguntas. Que alívio, já não precisaria dormir ao relento. Agora como fazer pra começar tudo de novo?

Deus haveria de responder, mas quando? Viver na casa desse amigo que conhecera no interior do Paraná não seria muito satisfatório porque era o espaço dele, mas no momento não tinha outra saída. Recebeu emprestado um pequeno colchão bem fino e colocava em um cômodo bem apertadinho entre a parede da janela que dava pra rua e uma escrivaninha, que mal cabiam naquele espaço, porque o apto dele também era pequeno. Agradecia a Deus porque havia conseguido um lugar pra dormir e com certeza iria poder comer da comida dele também. Este apto ficava de três a quatro quilômetros do templo. Ele precisava continuar exercitando a sua fé através da participação nas reuniões, mas mesmo sem dinheiro para pegar um ônibus ia a pé e voltava praticamente todos os dias do Templo. Sabia que um dia ou outro a resposta de Deus viria e a sua vida finalmente mudaria por completo.

A cada semana pela manhã saia atrás de novas oportunidades de emprego, porque não tinha alternativa, pois agora não era mais empresário e sim um desempregado. Buscava trabalho até entre os empresários da igreja, mas não conseguiu nada com eles, nem com os políticos eleitos pela igreja, nem com obreiros, nem com pastor, com ninguém do circulo da fé. A igreja que ele congregava há três anos não o ajudou no momento mais difícil da sua vida. Mas ele acreditava que o corpo da igreja (as pessoas) pudessem lhe ajudar. Pois está escrito de que devemos ajudar a todos sem olhar a quem e em especial os da própria fé ou congregação. Mas foi alguém que não era dessa fé que lhe deu o primeiro socorro na hora que mais precisava. - Deus o abençoe muito José por isso e por tantos outros favores que você veio a fazer, inclusive cedendo vales transporte para poder pegar ônibus para procurar um novo trabalho. Disse ele.

Este amigo nunca cobrou nada dele. Nem pela estadia de um ano e nem por toda a alimentação que o supriu durante todo ano de 2001. Diante de tanta vergonha que estava passando naquele período que só poderia cobrar de Deus uma solução e assim dar fim aquela mazela, trazendo um trabalho digno para poder se manter sozinho e sair da situação de humilhação de ficar comendo e bebendo a custa de um amigo que nem da igreja era. – Os meses se passaram e ele apenas conseguia alguns “bicos”, serviço temporário de alguns dias e nada mais. Houve um momento que o seu amigo estando de férias saiu em viajem. Normalmente as férias são de trinta dias, mas desta vez ele ficaria quarenta dias ausente, pois pegou um benefício que tinha de direito. Como ele não costumava fazer as suas refeições no apto porque almoçava sempre próximo do trabalho, deixava pouco mantimento nos armários. Juliano não tinha dinheiro pra comprar alimentos e tão pouco algum lugar que pudesse comer na "faixa". Os dias foram passando e já não havia nem farinha no armário que pudesse fazer um mingau pra comer. Ele foi economizando tanto pra dar tempo do amigo voltar que chegou um dia que não havia nem farelo na cozinha. Teve dia que sentiu um grande desespero pela situação que se encontrava. Numa manhã fria de inverno foi até a igreja a pé como de costume só tomando água para não roncar muito o estômago, e após voltar pra casa um pensamento lhe veio à cabeça. – Dar uma olhada na conta poupança do banco pra ver se havia acontecido algum milagre de alguém ter colocado algum dinheiro. Ele precisava comprar um pacote de arroz e uma lata de sardinha pra fazer uma refeição em casa. E olha que foi a sua grande surpresa que realmente havia um resíduo do programa de integração social, do governo e que um pequeno rendimento havia sido depositado em sua conta poupança. Não era grande coisa. Algo como 20 ou 30 dólares. O cadastro desta conta ainda estava ativo nos registros do governo o que possibilitou o depósito automático. Aquele dia houve a salvação de um justo que não morreria de fome até que seu amigo retornasse pra casa e pudesse fazer as compras. Aquela noite foi especial. Havia arroz quentinho com sardinha em conserva pra comer. Era como se fosse um banquete. E o dinheiro possibilitou a compra de outras coisas básicas como pasta de dente, até o retorno de José.

O tempo parecia infinito, pois não conseguia ver novidades em sua vida. As mudanças esperadas não aconteciam. O novo emprego nunca chegava. O desemprego persistia em segui-lo. Mas de certa forma o que o mantinha ainda animado era o trabalho social que fazia. Alguns dias da semana durante a noite ele fazia o trabalho voluntário no templo e intensificava cada vez mais com as evangelizações que participava em bairros mais humildes da capital durante a noite. Sempre à busca de pessoas com problemas graves de saúde, transtornos neurológicos, problemas com drogas, problemas de família ou qualquer outro problema que fosse. Levavam estas pessoas até o templo. Durante três vezes por semana quase ao anoitecer pegava um ônibus no centro da cidade usando os vales transporte (que era o que tinha pra procurar trabalho que recebera de seu amigo José) para chegar até as pessoas de bairros distantes da capital para lá ajuda-los no que fosse preciso. Só retornava por volta da meia noite para sua casa, exausto. E aos domingos ainda de madrugada se reuniam com outros voluntários frente ao templo. Dois ônibus os levavam para as regiões mais carentes pra buscar o povo que necessitavam de ajuda e do conhecimento da palavra de Deus. Traziam todo este povo até o templo para participarem da reunião de culto de louvor, cura e libertação que sempre ocorria todos os domingos às sete horas da manhã. E no final da reunião os colocavam de volta nos ônibus e os levavam de volta à suas casas. Mesmo sem emprego e sem dinheiro ele fazia o trabalho voluntário durante um ano ininterruptamente. Desempregado e com muita dificuldade para sobreviver, morando de favor na casa de um amigo e não tendo como ajuda-lo nas despesas do apto ele não deixava que estes problemas o abatessem. Olhava sempre para o Alto onde está o Autor e Consumador da fé. Não usava os seus vales transporte – para pegar ônibus que recebera de José para o seu uso próprio, indo e vindo pra igreja ou para procurar trabalho, isto era feito tudo a pé. Era usado sim, mas para fazer o trabalho social da igreja.

O ano de 2001 estava chegando ao fim quando em onze de setembro aconteceu o atentado terrorista nos Estados Unidos. As torres gêmeas de Manhattan, que fica na foz do Rio Hudson no estado americano de Nova Iorque foram atingidas por dois aviões Boeing 757 comerciais e outro avião Boeing 767 atingiu o Pentágono, sede do Departamento de Defesa dos Estados Unidos e ainda um quarto avião Boeing comercial foi derrubado na Pensilvânia e naquele dia parecia ser o fim do mundo. O país mais rico e mais seguro do mundo estava sendo atacado de dentro de seu próprio país, com as suas próprias aeronaves, sequestrado por terroristas suicidas. Foi um dia assustador para o mundo inteiro. Parecia que Jesus estava voltando. Mas ainda não era o fim. A vida voltou ao normal nos próximos dias e a sua luta pelas conquistas de uma nova vida ainda persistia. Era preciso.

Em um determinado dia um amigo da igreja lhe convidou pra morar juntos e prometeu ajuda-lo com um trabalho temporário. E por pouco tempo ele ficou ali morando e ajudando nos afazeres do escritório. Em seguida resolveu tentar voltar para casa de sua mãe que ainda vivia com o Nando, seu irmão. Era a melhor forma que pode encontrar naquele momento e assim também ter um pouco mais de dignidade próximo da família. Sua mãe morava longe do centro e era preciso arrumar uma forma de conseguir dinheiro rápido pra poder se deslocar até a região central pra participar das reuniões no templo e procurar algum trabalho. Um serviço free lance aqui e outro ali foi o que apareceu de momento. Mal dava pra suas necessidades básicas. Ajudar nas despesas da casa estava fora de questão, pelo menos por enquanto.

Mas aos poucos tudo foi se encaixando porque em poucos meses ele recebeu um convite de um amigo pra trabalhar e aprender uma nova profissão. O salário mensal era bem pouco, não mais que meio salário mínimo, algo em torno de 150 dólares. Mas já era um bom começo. Havia uma esperança de aprender uma nova profissão e ganhar um pouco mais e quem sabe poderia enfim se casar. – O local de trabalho era um tanto longe, bem distante da capital, mas não poderia recusar. Essa era a oportunidade de voltar a construir algo novo e criar o projeto de uma família.

Já no auge de seus 34 anos precisava encontrar uma mulher idônea, convertida e temente a Deus, para dividir a sua felicidade e ajudá-lo no seu dia a dia. Ele não se importava em percorrer aquela distância longa todos os dias para poder trabalhar. A esperança era de que logo deixaria de depender de sua mãe e de seu irmão e que logo poderia ter a sua própria casa.

Era uma jornada e tanto para chegar até ao trabalho, mas como ele viajava todos os dias acabou se acostumando com a rotina e os resultados do trabalho começaram a aparecer. A profissão era um tanto interessante porque desenvolvia a habilidade motora e as habilidades psíquicas do conhecimento técnico e tecnológico de veículos e sistemas de segurança. Com menos de um ano já foi possível ele abrir a sua própria empresa e iniciar as atividades sozinho. Mesmo sem dinheiro pra comprar os equipamentos necessários para o desempenho da função ele não se desanimou. O trabalho demandava conhecimentos técnicos, habilidade e transparência na execução de cada trabalho efetuado junto aos clientes para que eles pudessem adquirir confiança no profissional. E assim Juliano passou a trabalhar sozinho sem nenhum cliente em sua carteira, mas confiante de que os resultados iriam surgir no decorrer do tempo. Com uma pequena máquina copiadora que recebeu de presente de seu professor e amigo Marlon se deu início ao seu novo negócio. Começou um namoro com uma jovem que conhecera durante os trabalhos que fazia em sua igreja e acreditava que a vida parecia sorrir novamente para si. Agora se tornou um homem maduro e confiante na vitória depois de percorrer um longo caminho de lutas e dificuldades. A estrada da vida agora está livre para andar rumo às conquistas. É só trabalhar de forma correta e confiar em Deus que tudo irá bem.

O namoro com a garota só começou após o conhecimento e o aval do pastor responsável pelo corpo de obreiros daquela igreja. Eles acreditavam que a suas vidas seriam uma grande felicidade, porque eles estavam fazendo tudo o que era certo conforme as orientações baseadas na palavra de Deus. Ambos faziam parte de um grupo voluntário de trabalhos sociais. O grupo era formado por pessoas responsáveis e obedientes, andando sempre conforme os ensinos bíblicos que orienta não ter nenhuma espécie de vícios como: pornografia, cigarros, bebidas alcóolicas, avareza, ódio e outros pecados citados no livro de Gálatas, capítulo cinco, versículos dezenove ao versículo vinte e um. Estas pessoas outrora viviam no pecado e ausentes da misericórdia e da compaixão do seu criador veio a ter direito de se assentar à mesa do Altíssimo. O sacrifício que o senhor Jesus fez na cruz levando sobre si todos os pecados e os encravando na cruz, deu a condição aqueles que creem o direito a salvação eterna. E assim sendo; todos aqueles que creem e forem batizados serão salvos.

Buscar o batismo nas águas e depois o batismo do fogo que é o Espírito Santo é primordial para aqueles que querem se ingressar no corpo de obreiros. Este recebe uma consagração com o azeite da unção do altar e se torna membro e corpo do Senhor Jesus Cristo. Este casal recebe um acompanhamento do pastor responsável no decorrer do seu namoro para que não venha incorrer imoralidade antes do casamento; ou seja; não haja contato sexual antes do casamento e que estejam andando de acordo com as escrituras sagradas. Devem se comportar como um homem e mulher de Deus exemplar, neste ministério que Deus os outorgou para assim ministrar esta obra. Todo aquele que é um obreiro aprovado ele se apresenta a Deus como um obreiro que não tem de que se envergonhar, que maneja bem a palavra da verdade.

Aquele que deseja ser um instrumento nas mãos de Deus precisa passar pelas provas, levar uma vida de santidade e conhecer a palavra de Deus, vivendo o que prega, assim como está escrito no livro da vida, em segundo Timóteo capítulo dois, versículo quinze.

No início da empresa foi bastante sacrificante porque o faturamento era muito baixo e às vezes não entrava dinheiro nenhum, portanto não tinha nem como comprar almoço. Com uma pequena ajuda financeira da namorada, porque ela trabalhava numa empresa de buffet, foi possível manter um alimento básico nos primeiros dias, comprando um bolinho de carne e um copo d'água. Esta era a refeição do dia. Nos dias que entrassem um pouco mais de dinheiro podia ter o luxo de comprar um sanduiche com um refrigerante. O ponto comercial não era bom porque nos três primeiros meses não se conseguia pagar o aluguel do imóvel. No primeiro mês foi preciso pegar parte do dinheiro do aluguel emprestado com o amigo que fora seu tutor para não se envergonhar na hora de saldar a dívida do imóvel. E no segundo mês sem ainda conseguir todo o dinheiro do aluguel, foi preciso usar um pouco do salário da namorada – que já era pouco para quitar o aluguel da loja. Foi constrangedor, mas necessário.

Surgiu uma boa oportunidade de mudar a loja para um local de melhor movimento com a possibilidade de um faturamento melhor. A vida então poderia mudar de verdade. Mas sempre existe um preço a pagar. Precisava pagar o último aluguel da atual loja e conseguir o valor de dois aluguéis adiantados para conseguir segurar o novo ponto comercial. Esta era a condição oferecida pela proprietária do imóvel. Pois existiam outros interessados naquele ponto e a preferência seria dada a ele, mas com estas condições de adiantamento.

Ele conseguiu um trabalho noturno na empresa de um amigo para conseguir parte da grana necessária. Ele precisava do dinheiro imediatamente pra conseguir segurar a loja que estava alugando. Pediu ao amigo o adiantamento do valor do serviço contratado prometendo trabalhar até de madrugada para entregar todo o serviço e num prazo recorde. Foi necessário fechar sua loja mais cedo durante alguns dias para conseguir chegar antes do fim do expediente na empresa. O trabalho era um tanto cansativo porque resumia em trocar todos os softwares dos computadores da empresa e reconfigurar toda a rede de informática, substituir os cabeamentos da rede, ampliando a rede de cabeamento para outro barracão de expansão da empresa. A empresa não era muito grande, tinha em torno de 120 funcionários, mas os computadores não chegavam a vinte equipamentos. Quando saia da empresa já era início da madrugada e precisava viajar uma distância longa até sua casa na região metropolitana. Teve um dia que ele amanheceu na empresa trabalhando. Quando os funcionários chegaram imaginavam que ele havia chegado muito cedo, mas na verdade ele não tinha ido embora e sem demonstrar sono, mesmo estando com fome e sem banho continuou o serviço na empresa até o final daquele dia. Quando o trabalho chegou ao fim uma alegria tomou conta de seu coração, pois havia cumprido uma tarefa que parecia impossível. Naqueles dias não se alimentava bem e dormir era um luxo. Mas valeu a pena todo o esforço. O dinheiro estava garantido e o novo ponto comercial lhe traria um futuro promissor na loja. O faturamento de sua loja agora poderia multiplicar e era inevitável que os pensamentos de uma nova vida tomassem conta dele. A realidade de um casamento se aproximando multiplicava esta alegria que até esquecia-se das dores e das dificuldades que passou pra chegar até ali.

Após a mudança para este novo endereço, ao longo de quatro meses o faturamento da empresa já representava um grande avanço. Era possível almoçar todos os dias um alimento com maior qualidade. Os lanches ficaram no passado. No decorrer deste tempo já foi possível programar o casamento que aconteceria em 7 de abril daquele mesmo ano. Anita, a sua noiva parecia estar feliz pela oportunidade do casamento que se aproximava. Seu futuro marido, um homem guerreiro e de muita coragem que não temia o trabalho e que só pensava em fazê-la feliz, não pensava em outra coisa que não fosse prosperar e criar a condição necessária para realizar este sonho. Após namoro e noivado de dois anos enfim chegou o grande dia de se unirem no laço matrimonial tão esperado por ambos. Ela não via a hora do evento se realizar. As dificuldades que a empresa passava ainda eram grandes porque o faturamento não comportava uma retirada satisfatória para conseguir arcar com todas as despesas de um casamento. Havia também a necessidade de começar a comprar os móveis para a sua casa, porque até aquele momento ainda não havia comprado nada. Mas tudo se da um jeito quando existe um sonho em andamento.

Aos trinta e seis anos de vida acontece enfim o grande casamento numa pequena igreja aconchegante de um bairro da capital do Paraná. Um jantar foi oferecido para todos os convidados em um bom restaurante da cidade e cada um pagaria o seu como forma de presente aos noivos. No casamento foi arrecadado algum dinheiro com a venda da gravata do noivo e do sapatinho da noiva o que deu condições do casal passar a lua de mel num pequeno e aconchegante hotel à beira mar no litoral do Paraná. Era apenas o começo, e a expectativa de uma vida gloriosa não lhe saia da mente. A lua de mel durou pouco porque não podiam deixar a loja fechada por mais que três dias. De volta a Curitiba iriam viver numa modesta casa alugada próxima à empresa com a esperança de uma vida cheia de felicidades. Isso era o que o Juliano acreditava. Afinal de contas as promessas levavam para este fim! Mas o que Juliano não esperava era que sua esposa aparentemente quieta e bastante calada tivesse um comportamento um tanto estranho logo nos primeiros dias de casamento.

– Quando ele estava dentro do Box fechado por uma cortina quase transparente tomando aquele banho tão aguardado, esperando a sua bela esposa em silêncio. Envolvido em pensamentos marcantes de um homem recém-casado e vivendo uma vida que tanto sonhara, eis que de repente ela entra pra dentro do Box de forma abrupta assustando-o. Ele, sem graça apenas pensa o que houve para ela entrar de forma tão repentina. E antes mesmo que ele fale alguma coisa, ela logo vem com uma pergunta: – Você estava se masturbando?!

Que situação constrangedora ela o colocara. Pensou ele: Como pode uma esposa recém-casada imaginar que seu marido quietinho no banho poderia estar se masturbando. Isso era um absurdo! A injúria foi tão forte que o deixou desconcertado diante dela. O prazer que havia ali em seus pensamentos caíram junto com as águas que escorria pelo seu corpo de um metro e setenta e quatro e seus 58 quilos. Nos seus pensamentos chegou a manifestar uma sensação de que não havia escolhido a mulher certa pra se casar. Ela mal o conhecia como homem e como podia julgá-lo sem que houvesse motivos para tal? Ela ainda não conhecia o seu comportamento como homem para tecer uma palavra como esta. Foi uma porrada muito grande em seu ego.

Parecia haver aí uma insegurança da parte dela em relação a homens. O fato é que ela havia vivido uma adolescência e também a fase adulta numa vida de comportamentos libertina e por assim sendo acabou sendo traída por diversos homens que a conheceu.

Mas que falta de respeito com seu novo marido! Ela agora estava casada com um homem de Deus que seguia de forma criteriosa as normas da igreja e os preceitos da Lei de Deus. O seu passado sempre foi de aprovações e fidelidade com as mulheres que se relacionou no que diz respeito à sua conduta moral. Nunca houve da sua parte nenhuma traição com as namoradas que teve durante toda a sua vida, antes de conhecê-la. Porque ele cometeria tal desatino? Não teria lógica. Mas tudo é uma questão de adaptação como a maioria das pessoas costuma falar. Por certo esse episódio ficaria no esquecimento, afinal todo mundo comete erros. Bom se fosse apenas isso os problemas. Mas antes de tudo é importante lembrar que Juliano havia se aborrecido outras vezes com sua companheira antes mesmo de se casarem. Quando ainda eram namorados.

Um mês antes do seu casamento, ela se desesperou com muita angústia e choro por uma situação que fugia do controle. Uma ex-namorada que ele já não a via há muitos anos, por cerca de quinze anos, lhe enviou uma mensagem através do seu número de telefone. Isso se deu porque o seu irmão quando viajou pra cidade onde eles moravam no interior do Paraná, forneceu o seu número de telefone. Lá quando ele esteve acabou a encontrando e conversando sobre a família, contou onde estavam morando o restante da família incluindo o Juliano que fora seu namorado e amigo, pois ela foi sua amiga de escola também quando solteira, mas na altura do campeonato ela já era uma senhora casada e tinha três filhos e morava com a família no Rio de Janeiro e estava apenas de passeio nesta cidade na casa dos seus pais. Então o seu irmão deixou o seu contato telefônico caso ela desejasse falar com o antigo amigo e ex-namorado. Quando terminaram o namoro há muito tempo havia ficado a amizade e o respeito um pelo outro e também pelos familiares. Não existia de forma nenhuma da parte de Juliano algum interesse por uma antiga amiga e em especial por ser uma mulher casada e com três filhos, isso não era da sua índole ter olhos por mulheres casadas e com filhos, ainda que fosse solteiro. Ela criou um escândalo sentimental tamanho que quase romperam o noivado. Buscou ajuda com um casal de amigos e com um pastor e tudo parecia ter voltado ao normal. Ele ficou muito chateado por falta de confiança da parte dela, pensou em até romper o noivado, mas achou que seria exagero fazer tal coisa. Imaginava que fora apenas uma crise boba e que não repetiria nunca mais. Oh coitado!

Num belo dia enquanto tudo parecia correr tudo bem, e após alguns momentos de alegria juntos na loja onde ele exercia o seu trabalho e onde morava também para que não onerar muito as suas despesas, afinal ainda estava solteiro. Saiu e foi deixa-la num ponto de ônibus – isso antes de se casarem. Assim que saiu o ônibus ele ficou um pouco no ponto para vê-la se distanciar e poder dar mais um tchauzinho através do vidro traseiro do ônibus, e ali ficou um pouco no seu silêncio para em seguida retornar para o seu trabalho, ou sua casa. Algumas horas depois quando ela já se encontrava em sua casa liga para seu noivo e pergunta por que ele havia ficado no ponto de ônibus com uma mulher, e quem era a mulher que estava no ponto, pergunta ela. – Engraçado. Realmente quem era esta tal mulher que ela insistia existir e que havia ficado no ponto de ônibus? Não tinha como saber por que ele não havia visto mulher nenhuma, talvez apenas na imaginação dela, porque ele só tinha olhos para ela. Mas pelo visto ela não conseguia ver da mesma forma que seu noivo. Mesmo com todos estes fantasmas surgindo diante dos olhos dela, ele não se preocupava muito porque na consciência dele estava tudo bem, podia ser apenas uma pontinha de ciúmes e isso poderia passar com o tempo. Eita!

Mas o perdão existe para ser usado, e porque não perdoá-la? E a vida segue numa busca de perfeição a cada dia, e o casamento é uma boa opção para exercitar tudo isso. O amor pode crescer a cada dia e os pequenos detalhes não teriam mais importância porque o amor é paciente, o amor é bondoso. Não inveja, não se vangloria, não se orgulha. Não maltrata, não procura seus interesses, não se ira facilmente, não guarda rancor. O amor não se alegra com a injustiça, mas se alegra com a verdade. Tudo sofre, tudo crê, tudo espera, tudo suporta. São os princípios básicos dos ensinamentos do Mestre. O amor também surge na perseverança e na paciência de um relacionamento de um para com o outro, e ambos tinham tudo pra dar certo, afinal era Deus que estava adiante deste relacionamento. Não era?

A empresa ia crescendo e o tempo ia passando e os sonhos começando a se realizar. Aquela roupa que antes não podia comprar e aquele perfume importado que tanto desejasse agora está disponível porque o faturamento da loja dava esta condição. Volta e meia, lá estava ele comprando estas coisas para ela, esperando a sua alegria e reconhecimento por tudo àquilo que Deus o proporcionava. Como ela trabalhava numa empresa que exigia uma carga horária muito pesada, resolveu sair e trabalhar com seu marido, assim poderia ajuda-lo na administração da loja e ficar mais perto de seu amor. Ele não questionou a sua decisão. Pelo contrário, apoiou como sempre a apoiava em tudo. O que ele desejava mesmo é que ela fosse feliz. Mas algo parecia triste neste relacionamento porque ela andava constantemente com o rosto triste e ele quando a indagava ela respondia que estava tudo bem, que não havia problema nenhum. Talvez porque o trabalho era bastante corrido e o tempo de ambos era pouco para que pudessem ficar mais tempo juntos. Trabalhavam todos os dias das 8 horas da manhã até às dezenove horas e nos sábados por muitas vezes até dezessete ou dezoito horas. Mas Juliano sabia que era necessária esta carga horária, afinal estavam casados há poucos anos e precisavam fortalecer as condições econômicas para poder atingir um padrão de vida que precisavam. Aos domingos bem cedo precisavam sair de ônibus pra se chegar até a sua igreja que ficava a trinta quilômetros de onde moravam. A reunião começava às oito horas da manhã, então não podia perder aquele ônibus porque a viagem era cronometrada. Eram cinquenta e cinco minutos de viagem que impreterivelmente às oito horas estavam na reunião. A igreja era o lugar onde precisavam estar sempre presente nos domingos para se alimentarem da palavra de Deus e aprender também como fazer a obra de Deus. E havia esta reunião que era própria para o corpo de obreiros. Em seguida tinha outra que era geral para o povo que eles participavam sempre. Além do sustento da palavra aos domingos, participavam também nas quartas feiras, mas neste caso era à noite às dezenove horas, próximo de sua casa. Participavam de outras reuniões nas sextas feiras, às vezes também nos sábados e em certos momentos aos domingos também à tarde. Nestas eram para receber orientações de como atender o povo nos trabalhos que eram destinados a evangelização. Deslocavam um grande contingente de pessoas muitas vezes a lugares longe do grande centro para encontrar o povo mais sofrido e necessitado. Isso tudo trazia uma alegria pra suas almas por saber que estava fazendo algo a mais para o seu próximo e que não se resumia em apenas conquistar as bênçãos de Deus para si, ficando rico e viajar pelo mundo sem preocupações com o próximo.

– Os anos se passam e o trabalho na empresa se intensifica e a vida de ambos não parece àquela alegria que tanto esperavam. Ele sempre procurava conversar com sua esposa pra saber se havia alguma coisa errada pra tentar resolver, mas ela não era aquela pessoa que gostava de diálogo longo, conversar com ela não era o seu forte. Ela preferia ouvi-lo e conversar com seus próprios pensamentos, não esticava as conversas. A sua esposa esperava ouvir do marido aquela palavra que costuma se ouvir muito nas novelas da televisão, eu te amo amor. Não que o seu marido não fosse este tipo de pessoa, ele poderia até usar esta palavra. Mas ele ainda não havia construído este costume de dizer "eu te amo amor" dentro dele. Ele a admirava e elogiava a sua comida, as suas roupas, seu penteado e o seu trabalho tanto em casa como na loja. Procurava fazer tudo o que ela desejasse, mesmo que para ele as coisas ficavam para depois, colocando ela sempre em primeiro lugar. Mas ele não gostava de receber cobrança dela dizendo que ele não a amava pelo fato dele não usar estas palavras. Podia soar falso. Então ele costumava dizer sempre para ela quando havia esta cobrança, de que ela deveria se ligar no carinho, no respeito e no cuidado que o seu marido tinha com ela. E que estas outras palavras viriam automaticamente com o tempo. Não era preciso cobrar constantemente, pois caracterizava uma imposição. Dentro de um casamento não pode haver este atropelo de forçar o acontecimento das coisas. Assim não tem como haver uma verdadeira felicidade, e sim, apenas uma vida de aparência. A coisa precisava ser pura, real, consistente, natural. Ele não cobrava todas estas coisas dela e imaginava que no mínimo ela não deveria cobrar também, mas não era o que acontecia.

A cada passo ela se apresentava aborrecida e mais triste. Zangava-se muito fácil e não dizia o porquê da razão. - Ele constantemente pedia perdão por achar que havia feito algo que a aborrecia e ela mesmo assim não falava o que era a razão do seu mau humor. Então pedir perdão talvez pudesse funcionar. Para ela nunca era o suficiente todo o cuidado que ele tinha com ela no dia a dia. Os móveis que ela escolhia pra comprar, as roupas, sapatos, bolsas, perfumes e tantas outras coisas que ele abria mão de si para agrada-la. Deixava muitas vezes de comprar algo pra si e comprava para sua esposa. Tentando sempre conciliar a vida no trabalho com a vida em casa para não faltar nada, mas ela não pensava como ele e reagia de forma inusitada; ficava em silêncio. Não se abria com o marido.

Como existia esta dificuldade de entender um ao outro ela sempre estava buscando um auxilio com um pastor e ou esposa de pastor pra entender porque o seu casamento era tão difícil. Buscava entender porque ela não conseguia se entender com seu marido da maneira que ela sempre sonhou. Dizia que o seu marido não a procurava na cama ao dormir e que se ela não o fizesse ele ficava muitos dias sem procura-la. Ela provavelmente imaginava que ele não a amava ou que não sentia prazer por ela. Isso o aborrecia de tal forma que ela foi se murchando e se fechando ainda mais porque ela não conseguia externar o seu sentimento com o seu marido. Ela não conseguia conversar de forma aberta com ele expondo os seus pensamentos, desejos, sonhos, ou até as suas dúvidas e conquista-lo de forma que ele pudesse ajuda-la e assim dizer que a amava. Nos pensamentos dela por muitas vezes até pensava que ele tinha outra mulher ou desejasse outra mulher que não fosse ela. Focava muito em querer ouvir coisas de seu marido que ele nem sabia o que era, pois ela não costumava falar dos seus desejos. Com isso seu esposo não estaria preparado pra dizer o que ela queria devido as constantes demonstrações de retração e ciúmes disfarçados, que ela constantemente representava através das suas atitudes. Era como uma menina que esperava o seu príncipe encantado num cavalo alado, subjugado por histórias que se ouvia quando criança. A sua dor se tornava grande e a sua angustia corroía por dentro como uma raiz de uma erva daninha prestes a explodir.

No seu silencio arrebatador e na insistência de que resolveria estes problemas com a ajuda de sua fé e com o apoio de uma esposa de pastor ela não permitia que seu marido participasse de sua vida, das suas dores, pois não as compartilhava. Raras foram as vezes que Anita sentava com o marido pra conversar por vontade própria. Geralmente era ele quem insistência no diálogo. Ela não confiava como nunca confiou de fato nas palavras do marido que tinha dentro de sua casa. Como se algo dela não permitisse tal coisa. Algo do seu passado parecia atormentar os seus pensamentos e não a deixava raciocinar direito.

Em sua casa ela tinha um amigo, um companheiro, uma pessoa sincera e fiel que queria ser feliz ao lado dela, mas os seus olhos não o permitia ver isso. Esses problemas ocasionaram alguns problemas de saúde que a deixava ainda mais aborrecida. Quase sempre que se olhava para ela via um rosto triste, amargurado como se estivesse vivendo sob uma pressão danada e obrigada a estar ali naquela casa, naquela vida, naquele casamento, com aquela pessoa. O remédio parecia nunca chegar.

Com muito sacrifício e economizando sempre um pouco de dinheiro Juliano iria realizar um dos sonhos de sua vida: A compra de um carro novo na concessionária. Planejou direitinho com sua esposa sobre a compra e a forma de pagamento daquele carro tão esperado. Assim o fazia sempre quando ia tomar uma decisão. Colocava-a sempre a par de tudo e buscava ouvir a sua opinião. Até este momento haviam adquirido uma moto de cento e vinte e cinco cilindradas, para os serviços da loja e também para poderem se deslocar até a igreja. Servia também para passear, curtir um final de semana na casa da sogra ou em qualquer outro lugar. Até ao litoral já haviam ido com esta moto.

Mas agora ele poderia dar um pouco mais de conforte para sua esposa e também melhorar as condições de trabalho, tornando tudo mais ágil na sua vida. Esperando ver a alegria e o sorriso no rosto de sua esposa, Juliano vai à loja buscar o carro que tinham escolhido pra comprar. Ela também nunca teve um carro e sempre ficava chateada quando molhava os seus cabelos ao sair de moto que repentinamente começava a chover. Curitiba chove quando menos se espera. Não podia sair com as sua roupas mais bonitas de moto porque podia estragar e não caia muito bem sair desta forma. Agora o seu esposo imaginava que podia trazer uma alegria de verdade ao seu rosto e mudar a tristeza que havia ali naquele rostinho redondo de cabelos negros, longos e abundantes que chegava até o meio das costas e que de vez em quando ficavam mais curtos e mudava um pouquinho a cor para um tom pouco arruivado. Acreditava-o que com isso a relação podia ficar muito melhor.

Após acertar a compra do carro zero na concessionária dando um terço de entrada e parcelando em trinta e seis vezes o restante, saiu com o seguro já pago e uma alegria imensa dentro do peito de poder alcançar uma vitória importante em sua vida. Ao retornar da compra daquele automóvel, que era o sonho da sua vida, orgulhoso por conquistar algo com tanto suor, sentia se o máximo montado naquele veículo preto e reluzente, num design impecável que se destacava pelo modelo esportivo e rebaixado. Saberia que ela ficaria tão feliz que pularia em seus braços e o encheria de beijos. Não via a hora disto acontecer. Era tanta emoção recolhida de tantos anos que naquele dia seria externado com alguém que era muito importante para ele. Apenas trinta quilômetros separavam um do outro e mais do que depressa chegaria de volta à sua loja onde a sua amada o aguardava.

Assim que chegou procurou estacionar o carro quase dentro da loja pra que a esposa pudesse vê-lo com mais privacidade. Logo ela saiu devagarzinho de dentro da loja, naquele momento não havia cliente na loja e olhou para o carro de um lado e depois deu a volta do outro lado do carro. Ele ficou quase imóvel pra ver o que ela iria fazer e o que iria dizer diante daquele sonho realizado. – Passou um breve momento, coisa de alguns segundos ou minutos talvez. Então de repente ela deu um sorrisinho, apenas um sorriso modesto e nada mais e disse: - Legal!

Ela disse apenas isso e nada mais. Nem sequer um abraço de felicitações o deu. Ele só ganhou um abraço porque a pediu se não teria ficado no vácuo. – Foi triste. Nem um parabéns sequer. Um homem esperaria no mínimo isso de um amigo, quanto mais de sua esposa. Assim não! Não era justo ter uma recepção desta forma de uma pessoa que se considera de mais, que dormiam juntos, sonhavam juntos e planejavam juntos tudo o que iriam fazer. Era necessário cobra-la o porquê recepciona-lo daquela forma hostil, ou totalmente sem graça. Uma reação estranha num evento tão prazeroso para ambos. Para ele ainda foi maior o prazer devido às expectativas que gerou até que se conquistasse de fato o sonho. Ela sabia disso! Aquela conquista realmente foi o máximo para ele porque já esperava há muitos anos por aquele dia que enfim aconteceu! A sua esposa não demonstrou uma atitude digna da qual ele tanto a esperava. Uma atitude de alegria e compartilhamento de uma vitória que foi tão suada e que finalmente acabou sendo alcançada.

Um tempo depois de ser sido cobrada, a resposta dela nada mais foi do que comentar que a compra do automóvel também tinha vindo da parte dela, porque ela também era sócia da loja. E que o dinheiro também lhe pertencia. Quanta bobeira de sua parte, pois ninguém jamais havia questionado o seus direitos, nunca! Isso era irrelevante.

Mas o casamento é assim mesmo. É com o tempo que se vai conhecendo a parceira ou o parceiro do qual um dia escolhera pra dividir sua vida. É nas pequenas atitudes que se vê realmente quem são e como são as pessoas que andam ao nosso lado. Estar atento a cada passo é de grande importância para que cada um possa se desenvolver e se tornar uma pessoa melhor a cada dia.

Três anos se passaram e muitas orações foram feitas para salvar o casamento. Reuniões de aconselhamento e palestras foram o que não faltaram. Tantas idas e vindas à igreja durante a semana e aos domingos para fortalecer mais a comunhão com Deus. Mas tudo isto não foi o suficiente para o desgaste cada vez maior do relacionamento de Juliano com a Anita. O que faltava para que sua esposa pudesse vê-lo como um legítimo esposo e como um homem de Deus de fato? Não encontrava resposta nem lá nem acolá. O fim parecia inevitável. Um relacionamento de quase dez anos. Mais dias tristes do que felizes. Ele realmente sem entender de fato o porquê deste desgaste tão grande em tão poucos anos e mesmo sempre procurando orientações donde quer que fosse necessário procurar não encontrava mais saída. De todas as vezes que se sentavam para conversarem sobre o relacionamento parecia que ela estava cada vez mais distante e demonstrava vontade de descontinuar com a vida a dois. Até que num belo dia, se é que se pode dizer assim, os dois decidiram na calada da madrugada colocar um fim de 10 anos de relacionamento. Parecia algo impossível de acontecer, mas naquele dia ficou decidido que entrariam em divórcio.

Em poucos dias já com uma advogada se deu início ao divórcio no cartório local e providenciaram a partilha dos bens que ajuntaram. Em comum acordo foi dividido tudo o que possuíam: A loja, o veículo e os bens domésticos. Como a casa ainda era de aluguel não havia o que dividir desta parte. Agora era necessário que cada um pegasse o que era seu e buscasse um novo lugar pra recomeçar suas vidas. Em abril de dois mil e quinze havia terminado um sonho de que nunca se imaginaria acabar um dia. Cada um para um lado com suas dores e suas tristezas infinitas e de muitas frustações que jamais havia passado pelos pensamentos que um dia pudesse acontecer. Mas uma nova vida precisava recomeçar. Não seria fácil, é verdade, mas não teria outra saída.

A dor na alma era tão grande que por muitos dias o coitado mal conseguia pensar direito. Muitos pensamentos o assolavam de forma que parecia que nas madrugadas fosse se sucumbir em dores. Falar com Deus parecia não ter mais efeito, pois pensava: - Será que Ele realmente me ouve? Não parecia Ouvi-lo. É como se Ele estivesse além dos seus pensamentos e nada mais. Um Deus invisível e distante que não os socorreu em seus gemidos, em seus sacrifícios no altar, em suas orações, em seus jejuns e nas madrugadas adentro clamando e orando sem cessar! Não havia ninguém que pudesse encontrar para dividir as suas dores; nem um ombro amigo que pudesse consolá-lo.

Por que será que Deus não os alcançou em suas orações e em seus dias de busca incessante e constantes ofertas oferecidas no Seu Altar? Os deixou a mercê da vida monótona e solitária que eles jamais esperavam um dia ter que voltar a viver?

Quem afinal é Deus e como Ele corresponde às orações? Onde Ele está quando alguém o Invoca com sinceridade de coração, com toda a sua alma e com todas as suas forças? Ele realmente ouve e atende ao necessitado que geme e padece de dores e que constantemente o clama, de dia e de noite? Por que o Senhor criador dos Céus, da terra e dos mares e de todo o universo atenderia a voz de um ser tão insignificante como os seres humanos que são cheios de orgulho, voltados ao pecado, à ganância e pensa muito mais em si do que naquele próximo que está ao seu lado e por muitas vezes padece de fome, de dor, de miséria sendo que é feito e constituído de carne e osso como ele. Tão igual a ele, feito do mesmo material da terra que Deus assim o fez o primeiro homem com suas próprias mãos.

Com as mãos um oleiro faz um vaso que depois de secá-lo se não ficou do seu agrado o quebra pra fazer um vaso novo, assim também não é Deus com aqueles que Ele criou?

Ele é o Oleiro que constrói o vaso de barro, os humanos são o vaso, e que para alguns se tornam vasos de honra, mas para outros é apenas vaso de desonra que para nada serve se não para quebra-lo e joga-lo ao fogo.

A indiferença que todas as pessoas que o conheciam faziam de suas dores o tornava cada dia mais isolado do mundo e das pessoas, e esta solidão crescia neste mesmo ritmo. A sua permanência na igreja ouvindo a palavra que proclamava do altar ainda era o único combustível que o fazia manter os olhos firmes num futuro incerto, mesmo que os que da igreja não o percebiam durante um longo período e até hoje outros não o percebam mais. Lembrava sempre que confiar em Deus ainda era o melhor remédio porque com Ele vinha à certeza de coisas que ainda o esperava e a convicção de fatos que não se veem. Então Ele ainda é a solução, mesmo não sabendo para quando.

Diante de tudo o que ele ouvia sobre esta fé e sobre este sacrifício para alcançar um bem maior, que constantemente é pregado em sua igreja o levava a cada vez mais a depositar esta fé no altar. Os apelos pra confiar em Deus, entregando o pouco que ainda lhe restava do divórcio, deixando tudo sobre o altar não cessava aos seus ouvidos. Porque diziam que Deus o exaltaria e o colocaria assentado junto aos príncipes desta terra, tirando-o do monturo e de entre os desvalidos e o enaltecendo diante dos homens para a glória e o louvor do Seu santo nome.

Sendo assim, abriu mão de tudo o que ainda lhe restava e depositou no altar de sua igreja sem ficar com reserva nenhuma, mesmo sabendo que precisava de algo para recomeçar uma nova vida. A partir dali precisava arrumar um novo lugar pra morar porque não havia recursos financeiros para continuar a pagar o aluguel de um imóvel. Não tinha mais uma empresa, nem perspectiva de trabalho e nem quem o acolhesse pois havia vendido tudo o que possuía e não sabia como iria conseguir se enquadrar no mercado de trabalho. Já com os seus quarenta e cinco anos de vida quem daria emprego a um veterano? Mas naquele momento o mais importante era encontrar uma nova casa pra morar. Depois de muito pensar em como sairia daquela situação tomou uma decisão que para ele era humilhante, pois havia falado que jamais iria depender de ninguém porque Deus estava com ele sempre e em tudo. Mas não era momento pra levantar uma bandeira de orgulho, precisava tentar voltar pra casa onde morava seu irmão primogênito solteiro com a sua mãe que era viúva. Eles foram as únicas pessoas que o abrigou naquele momento tão difícil de sua vida, mesmo que depois de certa insistência pra eles aceitarem eles permitiram morar com eles. Havia um pequeno espaço naquela casa que cabia um pequeno colchão de solteiro no chão. Era uma casa pequena de madeira e alugada. Ali então ele iniciaria uma nova etapa de sua vida, vivendo um tempo até que Deus pudesse o abençoar novamente. Reergueria novamente ou desta vez muito maior ainda seria do que fora até então, voltando a ter a sua independência financeira. Acreditava que no máximo um ano Deus já haveria de lhe abençoar. Era vergonhoso ter que voltar pra casa da sua mãe e viver na dependência de seu irmão mais velho. E depois de tantos anos lutando por uma vida de prosperidade e com um casamento que acreditava ser abençoado por Deus, e que agora se encontrava com a vida lascada, conforme seu irmão caçula fez questão de lembra-lo.

Não tinha mais carro porque sacrificou ele também. Não tinha nenhum móvel ou qualquer outro equipamento e poucas roupas já velhas eram as que lhe restavam. Precisou dormir num pequeno colchão de solteiro sobre o chão de madeira de um pequeno quarto durante um ano até que seu irmão teve um pouco de compaixão e comprou uma pequena cama-box, alegando que serviria pra quando fosse alguma visita pernoitar na casa. É claro que ele não quis dizer que era para seu irmão ter um pouquinho de conforto, não quis dar este gostinho a ele, afinal ele não merecia mesmo! Mas foi primordial este gesto de compaixão antes mesmo que ele pudesse pegar um grande resfriado, devido ao frio intenso que constantemente acomete a esta cidade, especialmente o frio das madrugadas. O propósito de ficar com seu irmão era de apenas um ano porque acreditava que logo conseguiria ser abençoado e conquistaria um bom emprego com um bom salário. Mas as suas vitórias pareciam estar fadado a lutas intermináveis. Buscou vários tipos de trabalho junto com colegas que conhecera em sua igreja e que fazia parte do ministério de obreiros, mas nenhum deles deu uma oportunidade de trabalho mesmo sabendo de sua real situação. Pareciam estar inertes diante de suas dores e de suas necessidades. Como quem diz assim: As lutas são dele, ele que busque em Deus e resolva por si só os seus problemas. Nem uma mão sequer foi estendida para ajuda-lo destes se se conhecem como irmãos da fé. E a vergonha só crescia dia a dia e não tendo mais forças ou coragem em buscar o socorro entre os seus "irmãos" da igreja, procurou trabalho no mercado tradicional em diversas áreas mesma naquelas que outrora não trabalharia. Mais foi com muita vontade de querer arrumar qualquer coisa pra poder ser honrado como homem que buscou até nas construtoras pequenas uma vaga de ajudante de pedreiro e de todos os lugares que foi e enviou um currículo a resposta sempre foi um não. Não tinham vaga para ele. Talvez porque já tinha certa idade ou porque Deus tinha outros planos para ele e não permitiu que nenhum destes empresários, mesmo os da igreja pudesse lhe dar uma chance de trabalho para que pudesse pagar pelo menos a suas despesas básicas de higiene e de transporte. Enquanto vivia com seu irmão, dependia dele até na compra de escova de dente e de algum dinheiro pra pegar um ônibus. Tudo vinha de seu irmão de forma emprestado. A vergonha e a humilhação que ele sentia era muito grande que não sabia mais o que fazer. Aceitou um trabalho de corretor de imóveis crendo que poderia ganhar boas comissões e pagar toda sua dívida com seu irmão. Até o curso que foi necessário fazer pra ingressar na profissão seu irmão precisou pagar. Na profissão não se ganhava nada de salário, apenas a comissão sobre a venda do imóvel quando saia uma venda. Não recebia vale transporte, não ganhava ajuda de custo e nem vale alimentação. Todo gasto pra chegar até a empresa dependia exclusivamente dos recursos que o corretor deveria ter no início da profissão. Não era o caso dele, pois não havia dinheiro para nada e para almoçar era necessário levar de casa uma marmitex pra comer no almoço e no final do dia as vezes dependia de uma carona de seu irmão, isso quando coincidia o horário de saída do seu trabalho. Muitas vezes para não ficar pedindo dinheiro emprestado para seu irmão para uso do ônibus, ele se sacrificava em ir a pé até a empresa e voltar a pé num percurso de sete quilômetros, usando terno completo e sapatos apertados. No decorrer de doze meses o sapato já estava completamente surrado devido a tanto chão que ele queimava. Trabalhava seis dias por semana e muitas vezes aos domingos em torno de nove a dez horas por dia, sempre crendo que as vendas iriam se concretizar, e ai todo sofrimento teria valido a pena. Trabalhou em plantões de várias construtoras durante dias intermináveis até mesmo em véspera de natal e de ano novo sem conseguir concretizar sequer uma venda. Mas a fé de que tudo iria mudar ainda ecoava dentro dele. Não podia desistir. Não naquele momento de grande dificuldade. Era o que aprendera na igreja. Precisava se agarrar com segurança em algo. E estar na igreja era o seu porto seguro porque recebia dali força para continuar e permanecer sempre firme, crendo numa grande vitória. Mas foi ao completar dezesseis meses de um trabalho muito árduo que saiu a sua primeira comissão da venda de um imóvel, que não era um valor significativo. Mal deu pra comprar um novo sapato que já estava com o bico aberto e fazer a troca de seus óculos que tinha uma das pernas quebrada. Precisou aguardar mais dois meses para conseguir mais duas vendas de imóveis com um valor um pouco mais significativo para pagar apenas o dinheiro emprestado do seu irmão, sem condições ainda de pagar a sua parte nas despesas da casa. E foi na quarta venda que lhe deu condições de respirar um pouco mais, podendo pagar um tratamento para os seus pés e para os seus olhos. O valor dos seus ganhos não chegou nem perto do esperado após quase dois anos na profissão. O negócio foi sair desta empresa e trabalhar numa nova profissão que lhe ofereceram. Passaria a vender créditos imobiliários na forma de consórcio de imóveis. A promessa era de ganhar muito mais dinheiro e poder ficar até rico dentro de um ano ou no máximo dois anos. Como os exemplos pareciam tão reais e o empresário que convidou mostrou tanta segurança e confiança nas palavras que mais uma vez ele colocava este projeto e a sua confiança em Deus. Acreditava que Deus o impulsionava a este novo desafio, para enfim alavancar a sua carreira e sair daquela vida de medíocre que ele estava vivendo. Tudo parecia leva-lo rumo a uma nova vida e assim muitos sonhos voltaram a iluminar os seus olhos e os seus pensamentos. Poderia enfim pagar todas as dívidas que tinha com seu irmão e quitar o cartão de crédito que já há muito tempo estava sem pagar. Este novo trabalho parecia ser a solução de todos os problemas, a sua redenção. Com grande empenho e desenvoltura se lançou no novo trabalho buscando entender e conhecer muito bem o novo negócio e seguir a risca tudo que lhe ensinavam.

Não tinha como não dar certo. Tudo indicava para um norte certo. A vitória parecia inevitável. Tudo que se ouvia de promessas da palavra de Deus na igreja levava a crer nesta vitória. Costumava ouvir sempre dos pastores de que Deus daria vitória até mesmo para aquelas situações que já parecessem perdidas. Imagina então com as coisas que tinha tudo para dar certo se Deus não o confirmariam como sendo certas? Venda de cotas de créditos imobiliário seria agora a sua nova marca, o seu novo modo de ganhar dinheiro. E durante muitos meses perseverou muito no dia a dia para alcançar uma meta de vendas que pudesse o tornar um dos maiores vendedores desta modalidade dentro desta nova empresa. O tempo foi passando e as conquistas não apareceram. Apenas duas vendas em seu nome foram concretizadas e a comissão foi pouca porque os valores negociados haviam sido baixos. Um destes clientes acabou desistindo no terceiro mês e a comissão deste cliente foi cancelada porque seria paga dentro do prazo de treze meses na medida em que o cliente fosse pagando. A outra venda foi feita em seu nome e a cota do consórcio foi transferida em poucos meses depois para o seu irmão Nilton, pois não havia condições financeiras de sua parte em continuar pagando. Seu irmão assumiu a cota e deu continuidade ao pagamento. As comissões das vendas no período de quase dois anos não representava praticamente nada daquilo que ele esperava. Os meses seguintes não conseguiu fechar nenhuma venda, e o dinheiro que dispunha já não contemplava sequer o pagamento das passagens de ônibus que precisava para deslocar até a empresa. Uma verdadeira lástima, uma vergonha que ele não esperava ter que passar novamente. Um período triste de sua vida que mais parecia uma derrota completa. A sua perseverança e a esperança de que tanto falava em conquistar, vencer e se tornar cabeça parecia ter chegado ao fim.

Mas ele não poderia deixar de confiar naquele que ele conheceu um dia. O seu verdadeiro Pai – Aba Pai. A história precisa continuar, não pode parar rapaz! A resposta certa ou as vitórias devem estar em algum lugar, mesmo que num futuro bem próximo. Aliás, não foi um homem quem prometeu que ele seria mais que vencedor. Esta promessa veio daquele que um dia fez a promessa e de que cumpriria sem demora e que certamente não tardará por mais que pareça tardio certamente se efetuará!

O seu compromisso com a verdade e com esta palavra de Fé que um dia aprendeu ouvindo com muito amor e carinho, ainda permanece a cada momento ecoando no fundo do seu coração, no mais profundo da sua alma. Ela é como uma goteira a gotejar, ou como água mole em pedra dura que bate tanto até que fure. Então é preciso agir assim: Deixar as coisas que para trás ficaram e avançando para aquelas que diante de si estão e propondo ao seu próprio coração continuar em frente no propósito pelo qual determinou. Porque assim como determinou, assim se efetuará! Era o que ele acreditava.

O seu caminho agora está livre para recomeçar.

Ele caminha como quem confia e acredita no que está adiante de si mesmo ainda não o vendo, mas sabe que a vitória está lá em algum lugar!

A riqueza e a prosperidade na sua visão interior, atrelada ao amor que existe em seu coração por alguém que ainda mesmo sem conhecê-la, fê-lo um vitorioso com estas conquistas tão sonhadas e assim trouxeram os resultados das lutas que acabaram vencendo o cansaço desta tão grande jornada e a tentação de fazê-lo desistir. Ele agora está a caminho da nova história que está sendo escrita em tempo real. Não perca!

O ano de 2020 é o ano das vitórias!

Curitiba, Novembro de 2019.

Dedicatória:

Esta obra baseada em fatos reais eu dedico às pessoas que de uma forma ou de outra se identifica com esta história. Muitos brasileiros e pessoas de todo o planeta neste momento vivenciam algo parecido. Porque quando muitas pessoas veem as vitórias e o sucesso de alguém, tudo parece bonito e muito fácil. Mas na verdade a beleza das conquistas não vem acompanhada com um manual das lutas e das tristezas que se passou pra chegar até onde chegou. Quem vê de longe pensa que a pessoa teve sorte na vida ou que Deus a abençoou e não a ele. Mas Deus não abençoa ninguém que fica sentado esperando as coisas acontecerem, ou que só faz o seu trabalho trivial e nada mais do que a sua obrigação. Ou talvez a pessoa até trabalhe como CLT numa boa empresa, mas não se esforça além daquilo que faz para conquistar algo maior, que é um sonho seu que já carrega em seu coração durante toda a sua vida. Dessa forma ela prefere viver em sua zona de conforto. Cada um que faça aquilo que seu coração impulsionar a fazer. Respeito todo modo de ser e de pensar.

A você que é guerreiro ou guerreira e não mede consequências para chegar em primeiro lugar no pódio ou no topo da pirâmide, eu desejo a você a benção do Deus Altíssimo. Ele só abençoa de fato além do normal, aqueles que se esforçam além das suas forças normais. É preciso exercer o máximo de si para obter o máximo da sociedade, porque se não for assim, será como a grande massa no meio da maioria que vê o vencedor e prefere vivenciar apenas as palmas.

Escritor: Edinho Maiscedo (pseudônimo)
Autor: Jurandir Bomfim
(41)9 9986-7869
Curitiba – PR.

Printed by Books on Demand GmbH, Norderstedt / Germany